再見 草山

陽明山的・這些年那些事

作者 吳亮衡

目次

推薦序

閱讀陽明山的N種方式

一座廣袤的山林，一片無垠的海洋，之於短促且渺小的人類生命有何意義？論語有云：「仁者樂山，智者樂水」，為什麼要用山的穩重和水的流動來比喻人的品格？這樣的比喻表示山和水不僅僅是物理的表徵現象，也是一種交雜了文化意涵和社會脈絡的「實體」（entity）：地景（landscape）。用地理學家的話來說，地景是我們居住於其中的世界，也是一種觀看的方式，更是凝聚人們思想的場所。地景不純然是自然景觀的再現，更有人類馴服自然的痕跡，亦或是不同集團在地景上拉扯的無形張力。有形的地景有著明確的疆界，自然力量所造成的風化景觀斑斑可見，然而，人為力量刻劃在地景上的印記不一定清晰可考，得仰賴研究者的巧手匠心，才得以真相大白。

從這個角度出發，吳亮衡的新書《再見．草山：陽明山的這些年那些事》至少可以有三種讀法。第一種讀法是自然地景的讀法，亮衡在書中告訴我們的是北投和草山溫泉鄉的誕生過程。他利用日治時期出版的《日本名勝地誌》以及講述臺灣觀光景點的「案內帖」，告訴讀者草山和北投不是兩個分開的地景，而是共構一體的遊覽勝地，日治時期的遊客搭乘「浴場線」就可以來一場醫療與休閒兼具的泡湯之旅。

第二種讀法是人文地景的讀法，亮衡在書中告訴我們，北投與草山得天獨厚的溫泉資源之所以為人所知，都是因為「土匪」之故。相傳日本軍隊在鎮壓抗日勢力簡大獅的集團時，偶然在林野間發現了溫泉，直至日軍鎮壓成功後，北投和草山的溫泉才進入開發者的眼簾，開始興建私人溫泉療養所以及大型的公共浴場。吳亮衡的草山故事就是從「抗日三猛」之一的簡大獅經歷開始講起，先提供給讀者一個大的歷史背景，嗣後再切入北投和草山地景的打造過程。

第三種讀法是政治地景的讀法，亮衡告訴我們蔣介石先是在一九四六年在草山設立「革命實踐研究院」，後又在一九五〇年將「草山」之名改為「陽明山」，蔣介石甚至曾說「中國後期的革命運動，就從陽明山開始」。從草山變成陽明山就是一件充滿政治意涵的更名，陽明山成為退守臺灣的國民黨政府宣傳反共抗俄的場所。吳亮衡在這裡的處理手法，不僅止於這一段更名的故事，他還往前追溯了裕仁皇太子親臨草山以及日本始政四十週年紀念臺灣博覽會，如何改變和展演草山地景的權力過程；此後又調轉筆鋒描寫韓戰爆發後麥克阿瑟一行人驅車上陽明山，討論國際情勢的情況。在這前後二十年的光景中，陽明山歷經兩大政權的統治，可謂是「天子眼皮下的特殊行政區」。以上所說的三種讀法，只是我對亮衡新著的浮掠介紹，終究只是全書的一鱗半爪，詳細的內容還請讀者諸君自行品嚐。

我認識亮衡多年，知道他長期筆耕北投和陽明山的歷史，不僅在「故事Story Studio」上有專欄披露研究心得，更有導覽北投和陽明山的實體活動經驗，如今出版這本新書，可視為是他過去研究的總結。我一方面佩服亮衡在工作忙碌之餘，還能騰出時間寫作，另一方面也向讀者衷心推薦這本書。大家下回上北投和陽明山泡湯時，不妨帶著這本書，讓亮衡帶大家重回百年前的草山。

陳建守（故事StoryStudio 共同創辦人）

推薦序

等一本有趣（且可靠）的歷史之書

這本書，我等很久了。

那已經是許多年前的事。回憶起來，簡直像是上輩子。不，甚至應該說是好幾輩子以前的事。當時「故事」網站仍在剛起步的階段，不過已經漸漸獲得一些注意，作者數量持續成長，時不時就會有新的夥伴加入。在那段熱熱鬧鬧的時間裡，我結識了許多喜愛歷史、喜歡講故事的朋友。他們帶著各自的知識、專長而來，共同灌溉一座屬於知識的花園，看著它開花結果。當年的許多朋友，在各家出版社編輯的慧眼賞識下，陸續將各自作品整理成書，短短幾年之內，就已經累積大量成果，其中還不乏收到熱烈迴響的暢銷書。

我也是在那時候認識亮衡的。

彼時他剛從碩士班畢業，年輕力盛、精力充沛，寫的主題都是圍繞著臺灣的歷史，取材新鮮，文筆平易近人，寫人、寫事、寫日常生活，有時回應時事為文，下筆飛快。在那幾年裡，臺灣社會對於自身歷史興趣十足，他的文章成了網站上最受歡迎的系列之一。

這樣的一位能量旺盛的寫作者，早應該要出書了吧？

但這一等，就是好幾年過去。甚至後來有一陣子，「亮衡的書何時要出？」成了夥伴們彼此間開玩笑的話題。出書有時是時機，有時是緣分。本書出版過程也曾經歷波折，或許也是還沒碰到對的人吧。

但無論如何，這本傳說已久、令人引頸期盼的書，而今終於要問世。

話說回來，這本書的延宕，我可能也得負些責任。二〇一七年，亮衡退伍之後，旋即加入了故事團隊。他原本是網站的專欄作家、編輯委員，從那時開始，卻成為了一名要上下班的全職工作者，和我們大家一起展開了一段瘋狂的歷險。是在他的投入與付出下，故事的團隊才能夠逐漸地成長、茁壯。

當時故事團隊的核心成員不過個位數。我人在國外，透過網路連線、視訊會議，和臺灣的夥伴們保持聯繫。當時連個辦公室都沒有，有段時間是申請臺大創創中心被稱為「車庫」的共同工作空間，我們分配到一張大桌子的一端。那是篳路藍縷的時期，但也是在這樣的環境下，走過一個又一個的挑戰，一點又一點地學著站穩腳步。

這幾年來，他自己的文字創作變少了，但隨著參與和執行各項專案，不同形式的作品卻變多了。比如在二〇一八年，我們與公視合作「台灣史！不能只有我看到」系列動畫，主要就是由亮衡與另一位同樣年輕、同樣才華洋溢的動畫導演呂呂兩人攜手合作完成。

而後我們也曾經籌劃過展覽、舉辦過歷史探查的走讀活動、製作過實體的書本與刊物，還有到了今年，如同亮衡在書中所提到的，開始與實驗教育合作，嘗試推出中學生的新型態歷史課程。

在這個時代，知識傳播的形式變多了、門檻降低了。也是在這樣的環境下，我們摸索著各種新形式，進入不同的媒介之中，但背後一貫的理念，是希望把有趣（但可靠）的歷史知識，傳遞給更多的讀者與觀眾。

但是，在如此喧囂的媒體環境之下，即便我們已經有了這麼多不同的媒介和工具，我仍然覺得，紙本書在這其中有個特別的位置。這麼說，並不是指書本或文字一定比影像或其他媒介形式高級，也不單純出於保守或懷舊的心情。事實上，每種媒介形式都有自己的特性，無法彼此取代，端看我們作為知識傳播者如何利用。這是故事團隊成立之初就有的信念，也在過去幾年中不斷地被驗證。

那麼，書的特性是什麼呢？

比起我們熟悉的網路媒介，紙本書有許多做不到之事，比如它的傳播範圍相對有限、速度也比不上網路。但相對於網路資訊的無邊無際、支離破碎，書卻能在一定範圍內，有效地提供系統性的知識，把許多看似分散的資訊，透過章節與頁面編排，收攏在一起，形成了有頭有尾的故事。（這其中當然要靠編輯的工夫。）

這是為什麼，直到今天我仍然鼓勵著許多身邊的朋友多多寫書。這也是為什麼，這麼多年我依舊期待著亮衡的書。

這一本書，脫胎自他碩士班以來的研究——過去的草山，今天的陽明山。我從第一次聽到，便覺得這是個太好的主題。他寫的不單單是一座山的歷史，而是圍繞著陽明山，切入二十世紀臺灣歷史中的日常生活、休閒、社會到政治等種種課題，談疾病、談溫泉、談臺灣八景，談臺美關係。除了橫跨不同領域，也橫跨戰前與戰後的界線；甚至我們在日本時代的篇章中，就已經看到後來大名鼎鼎（或者該說惡名昭彰？）的陳儀出場。

這是他最擅長的手法了，從一個看似熟悉的事物出發，卻把我們逐漸帶到一個陌生的、被遺忘的歷史世界之中。就好像平時在擔任歷史走讀的導覽人員一樣，他熱情洋溢、滔滔不絕，信手拈來各種故事，像是不斷在問著：「你不覺得，這真的很有趣嗎？」

每個人的書寫都反映了他或她的個性。而亮衡寫出了一本屬於自己的歷史之書，這段時間的等待，應該也都值得了吧。

涂豐恩（故事 StoryStudio 執行長）

序章

青草之山

二〇一三年初夏，我在陽明山上進行了一場永生難忘的口述歷史訪談。

受訪的對象是一位來自山東、姓史的老先生。說來慚愧，儘管史先生已經年邁，還拄著也有好些年歲的拐杖，但他那中氣十足的爽朗笑聲搭配迅捷的腳程，體力可能比我在內的許多年輕人都來得好。

就在笑聲與輕快的拐杖撞擊聲中，群山環繞著我們，史先生娓娓說起他的人生。伴隨時而高亢、時而低沉的嗓音，史先生彷彿變身成調皮的山東小伙子領著我們回到山東老家，見證中學時期跟同學熱切加入特務組織「藍衣社」，並在傳奇情報頭子戴笠的悉心指導下，開始涉足情報傳遞的工作。

可惜好景不常，國共兩黨的爭鬥讓他的人生出現巨變。基於中央政府「放棄山東、不放棄山東青年」的策略，他只得強忍淚水離開自己的根，隨著大批流亡學生輾轉來到澎湖繼續求學。原先以為終於可以稍獲喘息，沒想到詭譎的時局卻再次跟他開了玩笑，在校期間他不幸淪為黨國資源競奪的對象，一個年輕的生命就這樣被強徵成為軍人，最後落腳臺灣。

這一待，就超過了五十餘載，他再也沒有回過老家。

「不過，來到臺灣後，我還是有本事混得挺好的啦！哈哈哈……」

不等我們反應過來，史先生再次加快了腳步，在濃烈的溫泉味與傾頹的建築物中，開啟另一個篇章。

此時的他不再是初出茅廬的年輕小伙子，而是多了點穩重與歷練。在部隊學長的拉拔下，成為專門負責總統蔣介石維安事項的侍衛官。在他的描述裡，臉上總是掛著肅穆神情的蔣介石其實也有慈祥、溫柔的一面。每天下午，蔣介石從總統府下班之後，總會先到「革命實踐研究院」的辦公室看看有沒有重要公文要批改，時而關切一下黨國菁英們的培育狀況。多次確認沒有要緊的事項後，便會挽著夫人蔣宋美齡的手，在夕陽的映照下一同步行到後山行館。至於這對牽動東亞情勢的夫婦在沿途談了些什麼，老先生笑答，恐怕也只有當事人才會知道吧。

除了對蔣介石的記憶，陽明山也和國際勢力脫不了干係。執勤期間不時可以在山林裡頭看到美軍顧問團、德國顧問團出沒的影子，更時常瞅見面容肅穆的日本軍官穿梭於陽明山莊各棟建築裡頭。雖說各國代表之間並未直接接觸，但彼此掣肘、各行政治角力的傳聞，卻早已傳遍，成為眾人茶餘飯後的八卦話題。

大時代的歷史外，史先生對於園區內各棟建築物的故事，也是如數家珍。

在「圓講堂」裡，白團教官生動地講述各式主題，臺下革命實踐研究院的學員絲毫不敢懈怠，努力抄寫著筆記，如果還有不懂之處，課後便會相約至「國建館」調閱資料、抄寫筆記；如果讀書讀累了，則會走到溫泉蒸氣縈繞的「日月池」，一邊眺望山野，稍作休憩；每天夜裡，「梨洲樓」都是燈火通明，那是住宿學員們勤奮向學的最佳寫照，而鄰近的授課教師住宿地「舜水樓」也毫不遜色，直到深夜仍可看見講師們努力備課的身影。行經「中山樓」時，史先生邀請我們拿出百元鈔票，說起另一段空間與老總統夫婦的故事。

史先生的故事固然精彩，但仍有許多待考證之處。而訪談當中數度出現「革命實踐研究院」、「陽明山管理局」以及「美軍顧問團」、「白團」等關鍵字，除了讓我重新思考「空間」之於「歷史」的重要性，也提醒我要更加審慎地檢視手中的史料，深怕一個不小心就會落入時空錯置的泥淖。

短短半天不到的行程，卻讓我見證了大歷史與小人物交錯的無限可能。透過史先生的生命經驗，我不僅看到了史料乘載的時勢變局，更增添諸多不為人知的生活逸事，哪怕只是零星的人物側記，都讓我感覺到歷史不只是教科書上刻板的時序，而是具有情緒、活生生的存在。

這本書不會有枯燥的時代數字，也不會出現幾近說教式的歷史論述。透過報紙、日記等史料的觀點，我們將可一窺不同角度下的歷史故事，關於人與空間、空間與記憶的故事。

就讓我們先從百年多以前一群盤據在草山上的「土匪」與日本人大戰的故事開始說起。

第一章

鬼界之島的「被進化」論

治安：「土匪仔」的悲歌

建置江山無功勞，兄弟造路免認真，
較講也是愛汝銀，返來守營大要緊，
只驚日本先反面，日本反面也不知，
天光點兵觀看覓，看到五番四面來，
日本號齊掠大獅，大獅銃藥扛上山，
扛到山頭著發火，大獅看著頭翻低，
臺灣不是土匪的，
兄弟相招亦著退……

——節錄自吳萬水採集之〈土匪仔歌〉

一八九六年一月一日，臺北城周遭瀰漫著前所未有的緊張氣氛。佇立於牆內的官兵不安地望向樹林，內心祈禱凶神惡煞的「土匪」們不要在如此重要的時刻出現……

如果你是住在士林、陽明山一帶的人，對於彼時流傳於當地的〈土匪仔歌〉肯定不陌生。就算不曾聽過也沒關係，歌謠中被日本人點名做記號的「土匪」，可能出現在你曾經讀過的歷史課本裡。

這首歌中所謂的「土匪」，就是「抗日三猛」當中的北部代表——簡大獅。「土匪」到底是什麼樣的存在？簡大獅又為何被日本人冠上「土匪」的惡名？一切故事的源頭，讓我從日本人初到臺灣的時候說起。

一八九五年，臺灣正式成為日本帝國首個海外殖民地。

我們都知道在《馬關條約》簽訂之後，日本帝國在名義上獲取臺灣島的統治權，但對於島上的許多居民而言，自己的家園可不能就這樣平白無故地讓給素未謀面的夷狄之邦。一時間，臺灣各地的舊有勢力紛紛聚集武裝勢力，並「推舉」當時擔任臺灣巡撫的唐景崧為臺灣民主國的大總統。

這個被戲稱是臺灣史上首次獨立的時刻，卻存在相當政治正確的年號——「永清」。從字面上不難理解，這個政體將會竭盡所能地永續大清帝國的榮耀，絕不輕易地向日本人低頭。

可惜理想終究敵不過現實的殘酷。相較於臺灣民主國，大日本帝國歷經明治維新的洗禮後，搖身一變成為現代化武器和戰術兼具的國家。歷經臺灣島上幾場重要戰役後，臺灣民主國僅存在約一百五十天便遭到瓦解。從此以後，臺灣島內便不再出現以官方名義而起的抗日運動，轉而化約成由各地武裝勢力所發起的區域游擊行動。

對習慣打正規戰的日本軍隊來說，掃蕩各地武裝者的行動可是讓他們吃盡苦頭。

全臺紳民協助餉銀公舉唐憲民主總統國號永清。（圖片來源：Wikimedia Commons）

在當時官方檔案的紀錄裡，這群神出鬼沒、習慣打帶跑的反抗份子大多被稱作「土匪」或是「土匪集團」，儘管可能帶有某種日本人的民族優越感，但可以發現大部份反抗者所呈現的形象都與流氓、匪寇無甚差異。

其中北部地區的主要勢力就包含簡大獅的北山集團（草山、士林、北投一帶）、許紹文的金包里集團（金山、萬里一帶）、陳秋菊的文山集團（木柵一帶），以及蟠踞宜蘭地區的林李成、徐祿等。這些「土匪」們雖偶有零星的戰火，但大抵上仍然是以鞏固自我地盤為主。

一八九五年底，臺灣總督府內收到一份緊急密報。據說北部反抗者經過多次討論，準備集結眾人之力圍攻臺北城；這還不打緊，為了讓此次行動順利，部分匪徒甚至聯合大清部分官將的勢力，預計在月底前招募來自清國的軍隊抵臺，裡應外合奪回臺灣的主控權。

面對此等大事，臺灣總督府的軍官們自然不敢馬虎。一夕之間，整個臺灣北部風聲鶴唳，到處都可以看到來回巡邏的軍隊、警察，官方佈局在地方的搜查站則是更加努力地蒐集情報。然而數日搜查的結果卻未有收穫，整起事件好像只是空穴來風，最終，包含關渡、景美以及新店等重點搜查點的警部報告書皆以「匪徒蜂起之聲，純屬謠言」結案。

日本官兵顯露鬆懈之際，就是反攻號角鳴起之時。自二十八日起，頂雙溪、瑞芳、深坑、金包里等軍警單位接連傳出遭到不明襲擊的消息，其中位於金包里的憲兵駐屯所更是傳出有七名憲兵遭到殺害、一名日本人下落不明的慘劇。就在府方忙著收拾各地殘局之際，簡大獅、陳秋菊、詹振等人則在觀音山上大擺筵席，力邀各方綠林豪傑共商大計，包含板橋、士林甚至宜蘭地區稍有勢力的反抗頭人都受邀成為座上賓。酒過三巡之後，眾人便達成決議，將在元旦清晨向臺北城發動總攻擊；此外，為

上｜為了抵禦新竹胡阿錦、宜蘭林李成等人圍攻，總督府編組應急隊，連軍伕、職工也編入隊伍並發給竹槍，讓他們死守臺北城牆。（圖片來源：臺灣總督府警務局編，《臺灣總督府警察沿革誌》，臺北：臺灣總督府官房文書課，1942，無頁碼。）

下｜元旦事件時，由詹振率領的反抗軍進攻錫口街（約今日松山區饒河街一帶），圖中的彈痕即是當時戰役所留下。（圖片來源：臺灣總督府官房文書課，《紀念臺灣寫真帖》，臺北：臺灣總督府官房文書課，1908，頁20。）

了避免日本人向外求援，各方人馬回到自己的根據地後，也會將沿途可見的電信、鐵路設備破壞殆盡。

元旦當天子時，漆黑的夜裡傳來陣陣不安。先是一名在臺北城上巡邏的日本小兵發現城外林野出現數盞火點，他還未能反應過來，原先幽微的火點竟迅速擴散為群星般的火光，伴隨震耳的擊鼓聲、吆喝聲以及數十枝飄揚的旗號，眾官兵這才意識四周早已被數百人所包圍。

一波波猛攻就這樣持續了一整夜，雙方你來我往、互相槍擊之聲也成了另類慶祝新年到來的儀式。到了清晨四點多，此時反抗勢力已推進至距離東門及南門外不到兩百公尺之處，來自新竹的日本援軍終於抵達現場，情勢瞬間遭到逆轉。當黎明升起，這場驚天動地的圍攻臺北城事件在反抗勢力兵源、武器彈藥不足的狀況下平息，這起由多方集團聯合進攻的「元旦事件」（也有稱之為「觀音山火號事件」）這才宣告結束。

這起事件可說是臺灣總督府接管臺灣之後首次受到的震撼教育。為了避免此類情事再次發生，總督府除了加強臺北城的防禦工事，也針對臺北、宜蘭山地地區進行強力掃蕩，為了避免地方居民將匪徒、匪首藏匿於民家之中，只要當地居民被認定有可疑之處，不是家屋慘遭焚毀、就是面臨人員被刑求的下場。

這種寧可錯殺一百、也不放過一人的做法，自然加深了臺灣人的反感。再加上發現日本警察、憲兵甚至是軍隊為了爭功而誅殺疑似土匪者的案件，在在都讓不安的民心更加躁動。

許多不堪其擾的人，最終也選擇投身反抗者的行列。

眼見北部地區反抗勢力的規模越來越龐大，臺灣各地的地方長官多次建議總督府應該採取更軟化的治臺方針。其中，時任臺北知事的橋口文藏就接納了宜蘭廳警察署長所提出的建議，只要是主動前來歸順的「土匪」，將有機會免於死刑，改採終生不得

第三任臺灣總督乃木希典時期曾以「三段警備制」作為治臺方針。首先將臺灣各地的治安狀況畫分為一等區、二等區、三等區三種區塊。一等區為土匪、游擊隊最猖獗的區塊，是由日本軍隊所組成的臺灣守備混成旅團所負責；二等區的治安稍好，但仍然有土匪滲入的風險，因此由憲兵負責當地的治安；至於三等區，則大多是漢人或是平埔族居住的地區，治安最為良善，僅需警察官吏監督即可。由於簡大獅勢力的關係，不難想像陽明山地區在當時是被劃分在「一等區」之內。（圖片來源：臺灣總督府警務局編，《臺灣總督府警察沿革誌》，臺北：臺灣總督府官房文書課，1942，無頁碼。）

接近城內的罰則。

考量到實際管制的迫切性，此項建議最終獲得當時臺灣總督乃木希典的同意，短短不到三個月的時間，北部地區前來歸順的「匪徒」就超過了八百餘人，可以說是日本統治初期最成功的一次成績。

然而臺灣總督府遞出的橄欖枝顯然沒有被「元旦事件」眾幫所接受。一八九七年五月，簡大獅再次聯合陳秋菊、詹振等人，準備以五千人之勢，再次分路進軍合攻臺北城。

有了前次教訓，臺灣總督府對於消息的掌握能力自然也大幅提升，再加上利用反抗勢力間本就存在的矛盾，此次圍攻計畫在還沒開始前就被破獲，更讓曾經不可一世的簡大獅狼狽地遁逃進大屯山。

讓數任臺灣總督頭痛不已的「土匪」事件，終於在兒玉源太郎接任第四任臺灣總督後獲得緩解。在民政長官後藤新平的主導下，殖民政府改採恩威並施的手法，只要願意投誠，並協助進行山林道路的拓墾、鋪設工程，就可以免除死刑以及被放逐的命運。

同時，也在多次的討論後，改採行四項招降事務，包含：

一、規定軍政單位不可在民政部門未要求下貿然進行軍事行為。

二、改革並強化地方行政組織的統制。

三、廢除三段警備制，改以「保甲條例」① 與警察制度相互輔助，採取軍事與民政並行的招降策略。

四、將有意歸順的匪首送往官邸，甚或有疑慮的匪嫌，則由民政長官將親自移往匪徒勢力地就教。

於是乎，在警察與保甲制度的雙軌併行下，簡大獅的勢力終遭消弭，並接受景尾辨務署長谷信敬的勸降。

不久後，歸順的土匪集結於芝山岩一帶，現場由民政長官後藤新平、臺北縣知事村上義雄主導，在眾長官的見證下，簡大獅保證日後不再收取「保庄金」（類似保護費）以及私藏武器。爾後又在臺北縣書記官松岡辨的監督下，協助修築士林通往金包里的道路工程。

工程地約散布於燒焿寮（今士林區新安里）、山仔后（今士林區陽明里）、山豬湖（今士林區菁山里）之間。

---

①日治初期，臺灣總督府為有效鎮壓全臺「土匪」勢力，先後頒布〈保甲條例〉以及〈保甲條例施行規則〉，賦予警察更大的權力進行社會控制外，「連坐責任制」也造成許多無辜的臺灣人受到牽連。

「北山土匪」修築道路一覽

工程地	匪首名稱	討伐前已逃亡（人）	討伐後參與工程實際人數（人）
第一工場	林清秀	4	49
第二工場	劉簡全	16	34
第三工場	簡大獅	32	22
第四工場（甲）	林豹成	17	83
第四工場（乙）	王貓研	0	50
第五工場	簡大獅	12	39
第六工場	林清秀	16	32
第七工場	王貓研	0	50
第八工場	劉簡全	0	50
合計		**97**	**409**

資料來源：臺灣總督府公文類纂數位化檔案，〈簡大獅討伐ニ依リ歸順者歸來人員減少セシニ付豫定ノ工事通リ進行セサル旨報告〉，11093-18，頁 1-3。

可以想像的，殖民政府之所以要派遣歸順者修築各山地區道路的主要目的，就是要確保一旦又有土匪意圖叛亂時，日本軍隊可以在最短的時間內抵達現場、部署並鎮壓，也就不會再有《臺灣總督府警察沿革志》最初形容「小徑之盡頭沒入蒼鬱森林，賊眾逃匿於斯則無以追其蹤跡」那般困擾。

另一方面，這種將勢力拆散至各個工程地點的方式，也可以避免集聚、糾眾滋事的事情再度發生。

站在統治者的角度，這種「自己的末路自己修」的策略，不僅可以展現出日本人施捨恩情的高尚情操，還可以確保沿途道路日後的暢通，可謂是一石二鳥之計。

但，反抗者們終究是不會輕易接受日本人的統治。

一八九八年十一月，一份來自滬尾辨務署報告書指出簡大獅始終沒有出現在工程地，但他卻在自家門外部署了約百餘名的隨從，甚至還在幹道上挖掘壕坑、安置具有武裝能力的查哨小屋，並向沿路的民眾強徵米穀與過路費。

最讓長官們頭痛的是，地方上開始流傳簡大獅將結合燒焿寮、竹子湖、坪頂等根據地，再一次發動圍攻八芝蘭的軍事行動。

有了前一次的慘痛經驗，也為了避免反抗勢力再起，臺灣總督府決議將簡大獅移居至士林街，以便就近監視。不料遭到簡大獅的拒絕，另一波討伐行動就此展開。

只不過這一次，簡大獅集團再不能執行打帶跑的戰術了。在前有追兵、後無退路的狀況下，整個集團的勢力很快地便被殲滅殆盡。儘管幾次的征討行動都沒有辦法順利地逮獲簡大獅，簡大獅也在地方民眾的協助下偷渡並藏匿於漳州府龍溪縣內的一處居所，但在臺灣總督府以及廈門道臺的協力之下，最終還是被「引渡」回臺灣。

最終，依據〈匪徒刑罰令〉簡大獅被處決於臺北，北部地區的反抗勢力，也稍稍獲得了控制。

往時の土匪歸順式
（芝山巖に於ける簡大獅一類）

簡大獅等人於芝山巖歸順的影像紀錄。（圖片來源：〈往時の土匪歸須式（芝山巖に於ける簡大獅一類）〉，《臺灣日日新報》，1907 年 5 月 1 日，15 版。）

防疫：好一個鬼界之島啊！

「治理臺灣就像叫化子討到一匹馬，
既不會騎，又會被踢個半死。」

——乃木希典，一八九八

對初來乍到的殖民統治者而言，各地的武裝行為就像野火般，除不盡也滅不完，此種窘境讓第三任臺灣總督乃木希典留下前面那段經典的紀錄。

如果以為這是日本人統治臺灣最痛苦的事情，那就大錯特錯了。

事實上，整個日本殖民統治時期總督府最耗費心力想要壓制的，是「疾病」這回事。如果翻開統計資料，一八九五年間全臺各地因為打仗而戰死的日本軍人莫約一百六十四人、受傷者約五百一十五人，相較於因為戰爭而死傷的人數，因為感染疾病而導致死亡的人數共有四千六百二十四人，至於罹患各式疾病者，則高達兩萬六千零九十四人！

在這種剿「匪」不順利、防疫措施又無法面面俱到的狀況下，連年虧損的財政狀況更是讓日本帝國議會相當不滿，形容這塊殖民地就像是海中一畝「鬼界之島」。統治不到兩年的時間後，就有日本議員倡議要以一億日圓的價格將這個賠了夫人又折兵的島嶼賣給法國，所幸，這樣的想法最終被臺灣第四任總督兒玉源太郎以及民政長官後藤新平給擋了下來。

雖說暫時免除了臺灣被賣掉的危機，但兒玉和後藤也非常清楚，倘若無法讓遠渡而來的日本人（不管是何種背景）免於終日為健康提心吊膽的憂慮，那麼臺灣再次被放到國際交易場上，也只是時間的問題而已。

思索許久，後藤新平決定以年輕時留學德國的經驗作為基礎，採取「生物政治學」治理邏輯作為解方。

在後藤新平的授意下，全臺各地的警察機構先是進行了人口以及慣習的調查，並根據獲取的資訊建構類似德國中央集權式的醫療監控體系。全臺各地的府立醫院醫師組成的「臺灣地方病及傳染病調查委員會」於焉誕生，並由上而下地調查管轄區域內各

後藤藤新平曾經以比目魚和鯛魚作為比喻，討論治理臺灣的統治策略。意思大致是比目魚和鯛魚在生物學上是截然不同的兩個品種，例如比目魚的眼睛就在漫長的演化過程中長在身體的同一邊，鯛魚則是生長在身體的兩側。不論是將比目魚的眼睛改裝在身體的兩側、或是將鯛魚的眼睛放置在同一側，這樣的舉措絕對違反了生物學的原則。在統治上亦同，如果硬是要將日本人的習俗強加於臺灣人身上，勢必會造成相當程度的反撲。有鑑於此，透過調查來了解臺灣人的各種「慣習」，再以此制定出一套因地制宜的管理辦法才有可能有效地進行統治，這也就是後藤新平最著名的「生物政治學」。（圖片來源：Wikimedia Commons）

種地方病及傳染病源所在。

不久，第一期的調查報告終於出爐。報告書根據可能罹患甲狀腺腫、小腿潰傷的緣由進行詳細描繪外，還歸納出鼠疫、瘧疾、十二指腸蟲病、蛔蟲、肺吸蟲病、熱帶性赤痢、癌腫、寄生蟲症、痲瘋病、盲腸炎等臺灣最盛行的地方疾病，可以說是早期臺灣防疫史最重要的紀錄之一。

也是從此刻開始，日本人貌似更加了解這塊殖民地，終於不用再像是瞎子摸象般面對各種疾病的侵襲。

然而光是了解疾病的來由自然不足以預防無孔不入的病原體。一九〇一年初春，一艘來自中國溫州的「金和順號」立刻在臺灣總督府好不容易建立起來的防疫體系投下震撼彈。

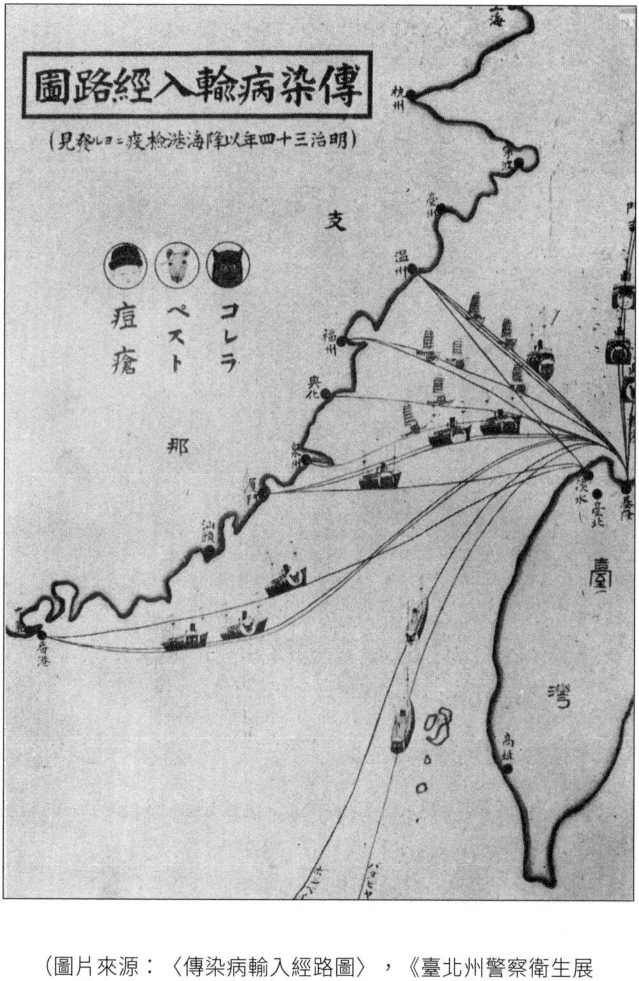

（圖片來源：〈傳染病輸入經路圖〉，《臺北州警察衛生展覽會寫真帖》，臺北：臺北州警務部，1926，無頁碼。）

長年航行於海上的「金和順號」抵臺後，盤查人員按照慣例上船盤查，赫然發現船上五十九頭豬隻當中就有近三分之二比例的豬隻感染嚴重的「虎列剌」病毒，盤查員不敢大意，趕緊調閱過去數個月豬隻運送來臺的資料，這才驚覺大勢不妙，不僅難以估計臺灣島內存有多少染疫豬隻，對於有多少人已經吃下這些病原豬肉，更是無從查起。

不到數日光景，石碇堡、三貂堡以及士林街果真出現上吐下瀉的病例，部分區域甚至傳出豬隻集體死亡的消息。所幸，甫完成的調查報告中就有對應的抑制對策，在警察及衛生機構協力調查下，許多疑似感染的豬隻迅速遭到撲殺，疫情這才逐漸穩定下來。

沒想到在「金和順號」事件發生後不到一年，臺北地區又再次傳出「虎列剌」②的案件，只不過這次的犧牲者，是一名內地人（日本人）。

眼見患病過世者竟然出現內地人，臺灣總督府只得再次檢視過往的防疫措施。

其中，一八九九年來臺擔任防疫醫官的羽鳥重郎③在北投地區的研究調查經驗，可以說是改變殖民政府日後防疫策略的重要關鍵。

眼見過去軍人或是行政官僚處理的方式多有瑕疵，羽鳥重郎選擇從醫學的專業角

②日文為コレラ，即霍亂。

③羽鳥重郎出生於日本群馬縣，自東京帝國大學醫學部畢業後，繼續專研於傳染疾病的研究，二十三歲那一年通過醫術開業的試驗後，隨即擔任日本郵船公司的船醫。一八九九年來到臺灣的羽鳥重郎先後任職於臺灣總督府海港檢疫醫、基隆醫院長兼事務取扱、基隆醫院避病院長、臺灣總督府防疫醫官、臺北檢疫委員等重要職務，堅守崗位之餘，羽鳥重郎也時常以醫學專家的身份參與國際間的醫療學術研討會議，並透過研究論文的發表，將臺灣各種防疫經驗傳遞給世界各國，羽鳥重郎不只在瘧蚊研究上有重大的貢獻，在鼠疫、毒蛇方面的成果也相當可觀，許多經他研究而新發現的品種，也相繼以「羽鳥」為開頭，予以紀念（例如一九〇五年在宜蘭發現臺灣特有種的蛇類，就被稱之為「羽鳥氏帶紋赤蛇」）。

度出發，一方面採取德國學者普遍倡議的「對人法」④作為診療手段，另一方面，則採取國際間盛行、帶有濃烈殖民色彩的「防疫區」概念。

由於當時的北投庄可以區分為以日本人為主的「新北投」和傳統漢人居多的「北投」兩個區域，羽鳥重郎的「防疫區」理念就是建立在殖民政府帶有濃烈「種族隔離」意味的的公共衛生政策底下。

就這樣，以「防疫」為名的無形界線正式將北投庄一分為二。

在這樣的醫學邏輯下，羽鳥重郎除了利用先進的原蟲顯微鏡進行診療外，對於疑似罹患疾病者的脾臟腫脹程度也被當作樣本來進行分析。

分析結果出爐後，眼前的數據震驚了整個羽鳥團隊——整個調查區域內，幾乎半數以上的日本人和臺灣人都是原蟲帶原者，相較於臺灣其他區域，該區的脾臟腫大者比例可說是前所未有的高。

為了避免疫情再度一發不可收拾，行政官僚、警察單位以及醫療團隊再次聯手。在羽鳥重郎的要求下，所有患者和疑似原蟲帶原者都必須接受隔離觀察，同時，羽鳥也強制規定患者必須要連續服用奎寧長達十八天，直到疾病出現好轉的跡象為止，如果不從或是心存僥倖，則會遭到嚴懲。

在羽鳥重郎的規劃下，以日本人聚落為主的新北投（第一防疫區），必須每日進行血液的檢查，至於臺灣人為主的北投（第二防疫區）則採取每三天抽血檢查一次，並規定防疫區內的所有住民須加入「預防組合」。一旦發現疑似感染者，就必須立刻通報各

---

④「對人法」（又或者稱作是「柯霍法」）的概念是由德國細菌學家柯霍（Robert Koch）於一九〇〇年時提出，他認為只要減低人體內瘧原蟲的密度，就能抑制瘧疾傳染，在治療疾病的同時也可更精準地達到預防瘧疾疫情之目的。

甲甲長⑤，並由甲長通報組合後進行隔離，確診後給予投藥。

除了搭配血液採集樣本的檢驗措施外，各地派出所當然也必須貢獻一己之力，除了例行性的安全巡邏外，警察大人們也會定期巡視在地住戶是否有清理排水道、除草，甚至會挨家挨戶確認蚊帳設置的確實程度。

想當然爾，在這種根據人種差異而將實體空間一分為二的作法，不管是在療程以及資源分配上，都會出現不公平的現象。然而，這種「環境教育」以及「防疫區」雙管齊下的策略，施行於北投地區的經驗卻獲得了空前的成功，此後，這種「驗血—調查脾臟狀態—依照病徵投藥醫治」的策略成為全臺各地效法的對象。

此次的經驗不僅強化了日本帝國對於熱帶疾病的理解，更讓臺灣總督府的官員們意識到，防疫現場不能只依靠警察、保甲或是相關的行政人員，讓專業的醫療人士發揮功能才是上上之策。

當然，對於一個極度想要向國際社會證明殖民成效的國家來說，日本帝國當然不會錯過宣揚研究成果的機會。羽鳥重郎除了多次在遠東熱帶醫學會（The Far Eastern Association of Tropical Medicine）等國際研討會中發表臺灣的防疫經驗外，更將他在臺灣各個防制區的瘧疾防治成果轉換成為單篇論文，同時發表於英國醫學雜誌《熱帶醫學與寄生蟲學年鑑》（*Annals of Tropical Medicine and Parasitology*）之上，該文中甚至附上一九一三年臺灣總督府公布〈瘧疾防治規則〉與〈瘧疾防治規則施行規則〉英譯版本。

---

⑤臺灣自清代即有施行保甲制度，不過最初的設計是作為地方自衛組織。日治初期，臺灣總督府為加速「土匪」鎮壓，因此了強化清代保甲制度的功能，作為警察的輔助機關。按照「保甲條例」及「保甲條例施行規則」規定，保甲的計算方式是以十戶為甲、十甲為保，再從內部推選甲長以及保正，作為地方治安、衛生、行政的實際執行者。

據說一直到二十年後，羽鳥重郎的研究成果仍然被北京協和醫院的寄生蟲學家許雨階所引用，被認為這是一個相當值得借鏡的防疫措施。

對於當時世界各地關注熱帶醫學的研究者來說，臺灣的經驗是一個相當具體而且成效卓越的研究個案，回過頭來看，這樣的殖民地經驗也可以說是另類的「帝國之光」，讓國際看到日本帝國在現代醫學的進步程度。

鐵道：兼具速度與舒適度的旅程

年號明治三十四，閏閏八月彼當時
淡水火車初設起，到今已經真多年
舊驛叫做舊北投，開通彼年設起頭
年年發展入山後，即有大路透北投
大正二年設公共，創到六月即開張
官廳不止有意向，當時火車即延長
鐵路延長接了後，彼時即有新北投
大正五年四月到，開通荷老政府賢
光景變遷真正緊，也是整頓有認真

——李築埤編，
〈北投新歌（第一編）〉，一九三五[6]

一九一六年四月一日，整個北投庄熱鬧極了。期待了無數的晝夜、不知歷經多少協商會議之後，討論多時的「新北投車站」終於要啟用。在眾人的規劃下，這條從淡水線特別延伸出來的「浴場線」，不僅提供旅客更為舒適的搭乘體驗，更可以大幅縮短泡湯旅客的移動時間，對於整體地方經濟的發展，將有無比的助益。

回想起過去幾十年來臺灣總督府在治安以及醫療衛生所付出的代價，臺灣終於成為適合居住的空間，日益完善的基礎建設不僅提高了在臺日人的消費慾望，甚至連日本內地的官員、民眾都在臺灣總督府的推銷下萌生來臺灣觀光的想法。

不難想像，在那個沒有高鐵，也鮮有飛機的年代，若想要在臺灣北部進行觀光旅

---

⑥〈北投新歌（第一編）〉，《風月報》，一九三五年五月十六日，頁四。

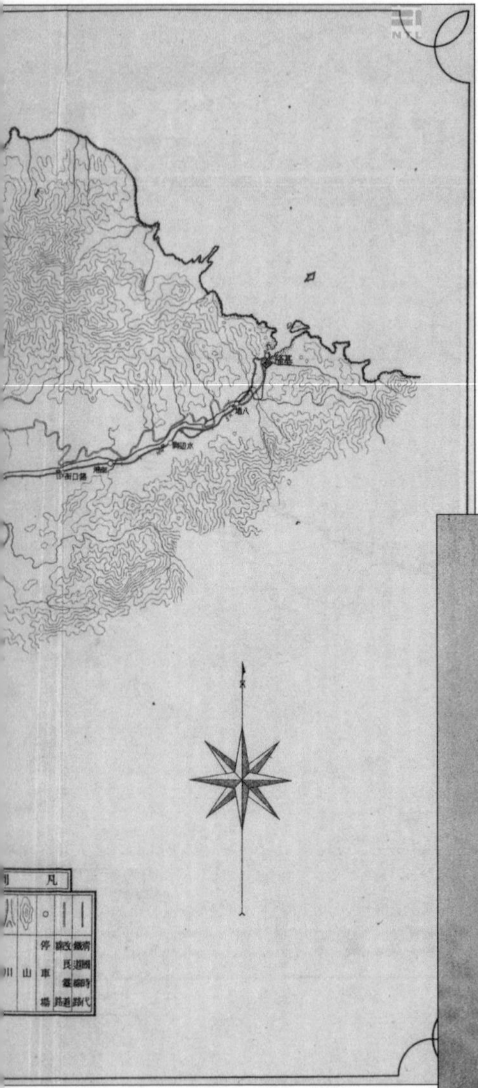

一八九五年來到臺灣的小山保政，隨即投入臺灣鐵道的策劃、修建等作業，清治時期遺留下來的「基隆—臺北」鐵道，即是小山保政最初調查的範圍。（臺灣總督府鐵道部，《臺灣鐵道史》，臺北：臺灣總督府鐵道部，1910，頁 121。）

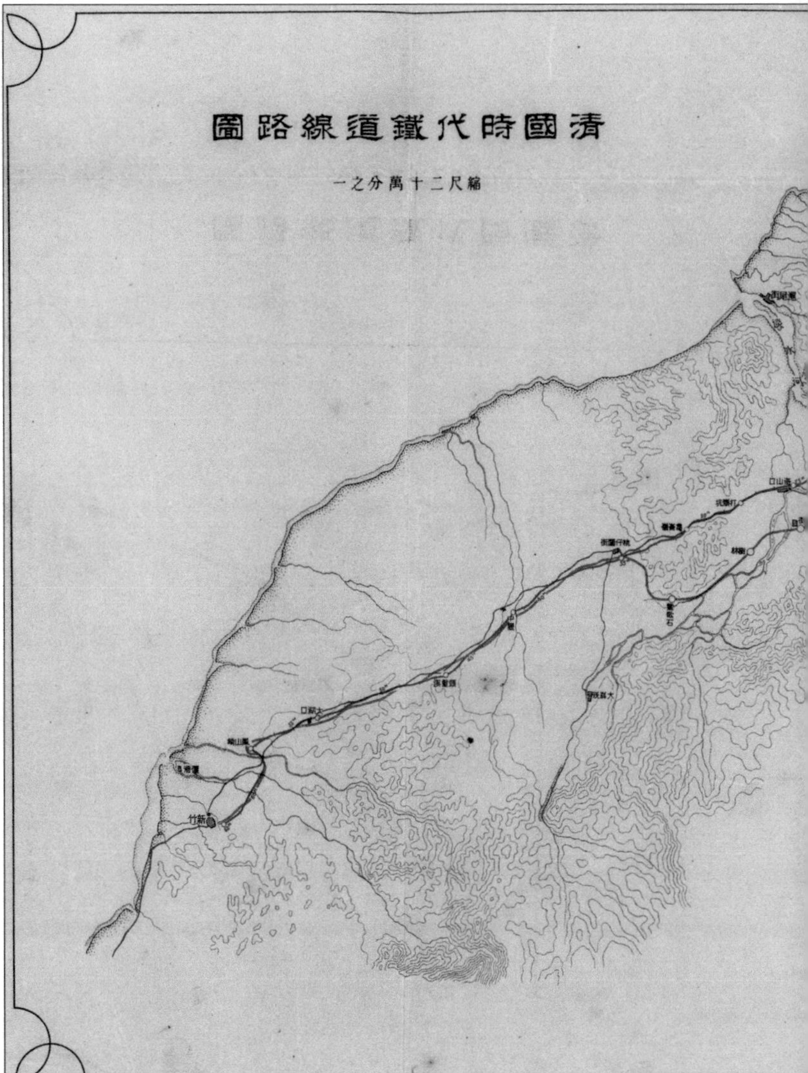

清治時期的鐵路主要是由基隆經過臺北，最終通達新竹，但因為鐵道彎曲幅度過大、材料性質不佳等原因，屢遭日籍鐵道技師批評。（圖片來源：臺灣總督府鐵道部，《臺灣鐵道史》，臺北：臺灣總督府鐵道部，1910，無頁碼。）

行，搭乘淡水線可以說是最有效率的移動選擇。

只不過，在說「浴場線」的故事之前，要先從淡水線的緣起開始說起。

我們都知道臺灣鐵路的發展可以回溯至清領時期的首任臺灣巡撫劉銘傳。在「自強新政」的規劃下，這條兼顧載客與運送貨物兩個目的的鐵道被興築出來，而終日馳騁於鐵道上的「騰雲」、「御風」兩輛火車，也在臺灣物產開發史中扮演重要的角色。

然而面對大清帝國消極治臺的總體政策，劉銘傳的財政規劃實則處處受到上級機關的制肘，這條號稱是「臺灣第一」的鐵道線路非但沒有達到最初貫穿南北的目標，在建材及路線的規劃上也顯得粗糙。就在這種規格不一、品質低劣的惡劣條件下，不斷傳出沿線鐵道發生事故的消息。

直到日本人來臺以後，這條鐵路仍然鬧出不少笑話。

根據時人回憶，這條從基隆開往臺北的火車，原本是要替重病的北白川宮能久親王運送補給藥品以及少數彈藥，然而卻在出發前夕接獲協助運輸急需用品的請求。在不得已的狀況下，眾人也只能硬著頭皮將火車開出車站。

不啟動還好，一啟動竟發生整臺火車動不了的狀況。所幸現場指揮官小山保政當機立斷，立刻指派六十多名官兵以人力的方式在火車後方使勁推，這才讓火車悠悠動了起來。也因為這次慘痛的經驗，日後在臺灣鐵道部內留下了「六十人力不可輕侮，不動火車忽轉輪，因纏得以抵臺北」的戲語。

就在小山保政好不容易讓「臺北—基隆」的火車順利發動，首任臺灣總督樺山資紀也從基隆港登岸，準備搭乘鐵路到臺北赴任。沒想到，才剛出發不到一公里，火車前輪竟眼睜睜地在眾人面前脫軌，經搶修勉強通行不久，卻又再次於水返腳一帶出現火車頭脫軌的突發事件。接二連三的「出軌」事件，可以說是讓這位臺灣首任總督的上任之路相當不順遂，歷經了七個多小時後，他才終於在夜幕高垂的時刻抵達臺北。

如此脫序的鐵道品質，終於在後藤新平上任後得到解決。

為了讓殖民地各項建設朝現代化的方向前進，後藤新平特地邀請了之後被稱為「臺灣鐵道之父」的長谷川謹介來臺，專職辦理鐵道的改革事務，舉凡臺灣鐵道的測量、規劃以及建造的大責，全權由長谷川的團隊負責。

經過一系列的土地調查與規劃，臺灣總督府終於圈選好適合橫跨臺灣西部的縱貫鐵路地點。除了主要的幹道之外，臺灣總督府為了將觸角深入更偏僻的山野、郊境，也同步規劃地方型的鐵路支線，其中，又以淡水線、集集線、平溪線三條支線最具代表。

1908 年臺灣縱貫鐵道通車的時候，後藤新平接受日本報章媒體採訪曾經表示，「我是鐵道門外漢，一切交給長谷川謹介」，這段話或許就道出了兩人合作的信任關係與默契。圖為 1911 年前後攝於臺北停車場（現稱臺北火車站），圖中右側，即是長谷川謹介的雕像。（圖片來源：Wikimedia Commons）

其中，淡水支線最初的建設目的是為了要聯結淡水港與臺北之間的物資傳輸，除了便於搬運由淡水港進出的鐵路建材以及士林出產的石材以外，更打算將其打造成輔助華南地區交通貿易的重要角色。

只不過，這樣的規劃同樣遇到了經費不足的問題。就像前文一再強調的，當時臺灣北部尚處於反抗勢力猖獗、熱帶病毒肆虐的情況，如何拿捏各項財政支出，確實讓後藤新平傷透腦筋。

正所謂沒錢有沒錢的做法，淡水支線在充斥各種不利條件的大環境下，仍舊以低成本的方式修築完成。

例如在材料方面，僅擷取清治時期遺留下來勉強堪用的鐵道區段，又為了避免在施工期間遭遇土匪集團干擾，長谷川特別協調山仔腳派出所和江頭派出所分別管轄「臺北—北投」、「北投—江頭」、「江頭—淡水」

左｜擷取自吉田初三郎於 1937 年為當時臺灣銀行設計的宣傳明信片「臺灣全島鳥瞰圖」，圖中可以看到「遊覽線」沿途經過了臺北、圓山、臺灣神社、士林、北投、淡水等地區，而這條鐵道支線也就是今日捷運淡水線的前身。（圖片來源：國立臺灣歷史博物館收藏，館藏號：2004.020.0030.0001）

臺灣全島鳥瞰圖　其ノ一　　吉田初三郎畫伯筆

三個工程區的建築工事。

在短短不到兩年的時間，淡水支線就以每公里花費三萬五千四百餘圓、總額七十二萬圓的成本規模建置完成。一九〇一年八月二十五日「淡水線」正式通車當天，包括新臺北車站、圓山站、士林站、北投站與淡水站都擠滿了圍觀的人潮，首日營運就吸引超過一千五百名的乘客，且創下一千六百四十圓的單日營收，可謂風光滿面。

然而淡水線的榮景卻在一九〇八年縱貫線全線通車以及基隆港改建後迅速衰落。就在這一海、一陸的交通變革下，淡水線的轉運功能大幅降低，再加上泥沙淤積的狀況無法完全控制，為了不要讓這條鐵道支線淪為無用武之地，殖民政府百般思索後，決心加入沿線的大屯火山國立公園預定地、北投溫泉、臺灣神社等休閒觀光地來重建它的定位。

這樣的轉變其來有自。根據統計，打從淡水線開通以來，北部鐵路的日收入就比未開通前多了近千圓，光是在天長節（十一月四日）該週前往臺灣神社參拜的人流就可以締造近一萬圓的收入，可以說是日治初期填補財政困境的重要收入來源。

至此，淡水線不再以運輸貨物為主要目的，轉而成為引領北部觀光風潮的「觀光鐵路」（或稱「遊覽線」）。

既然是作為觀光、遊覽之用，提供一個優惠的票價當然是相當重要的宣傳手法。從現代的角度，各地主管機關為了推廣自家的觀光空間，透過廣告、販賣套票甚至結合交通運輸業者的例子，已經是一件稀鬆平常的事情。反觀百餘年以前的鐵道部官員，為了避免淡水線再次被邊緣化，除了絞盡腦汁替這條鐵路覓尋各種「轉型」的可能性之外，也積極與地方商人協力進行開發。

一九一六年啟用的新北投車站就是極好的例子。在新北投車站開放之前，旅客如果想要到豪華的北投公共浴場享受溫泉，就必須搭乘「遊覽線」一路從臺北車站、圓山站、士林站坐到北投站，出站後則是要選擇搭乘人力車或徒步前往溫泉地。由於當時北投站與溫泉地的聯繫道路尚未開發完善，許多日本旅客紛紛提出抱怨，希望可以有更簡便的方式抵達溫泉區。

為了更有效的推廣該地的休閒觀光事業，臺灣總督府鐵道部運輸課長村上彰一規劃並開闢一條從「北投—新北投」的鐵路支線，其目的就是用來應付日籍遊客對於溫泉觀光的需求。一九一六年「新北投車站」開始接送來往的旅客，也成為淡水支線上另一亮點，因為這條鐵路是專門提供給泡溫泉旅客所搭乘，「浴場線」這個名詞也就烙印在許多時人的腦海裡。

一九三六年淡水線各等旅客票價表（自臺北驛）

	三等車（錢）	二等車（錢）	一等車（錢）	粁程（粁分）
大正街	5	10	15	0.5
雙連	5	10	15	1.4
圓山	5	10	15	2.9
宮ノ下	5	10	15	3.8
士林	10	15	25	5.5
唭哩岸	15	20	30	7.7
北投	20	30	45	11.0
新北投	20	35	55	12.2
江頭	25	45	65	15.1
竹圍	25	50	70	17.0
淡水	35	60	90	21.2

資料來源：武澤贇太郎編，《改正臺灣鐵道旅客運賃總覽》，臺北：臺灣旅行案內社，1941，頁 10、132-142。

第二章

「草山北投」初體驗

泡湯：一個從醫療轉化爲休閒的全民運動

望前山半麓，白氣縷縷，如山雲乍吐，搖曳青嶂間，導人指曰：「是硫穴也」。風至，硫氣甚惡。更進半里，草木不生，地熱如炙；左右兩山多巨石，為硫氣所觸，剝蝕如粉。

——郁永河，《裨海紀遊》[7]

三百多年前的初春，福州火藥庫發生了前所未有的大爆炸。這起災害雖未釀成太多人員傷亡，但卻讓大清帝國在一夕間少了近數十萬斤火藥原料，這也讓福州的地方官員好生焦急。就在官員們各個愁容滿面時，小道消息說海峽對岸那塊島嶼上藏有大量的硫磺資源，或許可以解決眼前的窘境。但如此重責大任應該交付給誰呢？生性喜好冒險、探索奇山曠野的郁永河聽到消息後馬上自告奮勇，表示願意擔起重任前往，一探消息的真偽。

身為探險家，郁永河總是對於臺灣各項新事物感到好奇，舉凡山野、漢人聚落甚至連沿途原住民的群像，都成為他紀錄的對象。當然，這趟旅途也不盡然都是有趣

⑦《裨海紀遊》，又名《採硫日記》，為清朝官員郁永河所著，描繪十七世紀的臺灣風土民情。

的，除了要克服道路難行的問題外，層出不窮的突發狀況更是讓郁永河發出「非人類所宜至也」的感嘆。

歷經無數日月，一行人終於來到硫礦所在之處。一旁的解說者表示眼前這塊縈繞白靄氣體、寸草不生且地熱如炙之處，就是郁永河此行的終點。說時遲那時快，一陣風讓山間的磺氣撲向眾人，大夥紛紛露出嫌惡之情，大喊吃不消。

此趟臺灣行的經驗讓郁永河畢生難忘，待他回到中國後，便將數個月以來的所見所聞彙集成《裨海紀遊》，書籍一發行便引起各界關注。這部堪稱是清治前期首部以人文地理為主的專書，自然成為日後想要理解臺灣各地民情的重要資料。

臺灣坐擁豐沛硫磺資源的消息一經證實，大清帝國自然不會放過。在《裨海紀遊》出版約三十餘年，大清帝國基於軍事考量，再次派遣巡臺御史黃叔璥來臺視察，也同樣有經典著作《臺海使槎錄》問世。雖說《臺海使槎錄》多著重在臺灣各地的攻守條件、海道風信等軍事記述，然而有趣的是，身經百戰的黃叔璥在麻少翁社（約今日社子島一帶）考察時，卻有一個小插曲。由於該地長處於漫天的磺氣之中，讓身經百戰的他不敵「昏悶」的噁心感，休息了好長一段時間後才勉強復原，也讓他在《臺海使槎錄》記下「毒氣蒸鬱」的感嘆。

不管是郁永河筆下的「硫氣甚惡」或是讓黃叔璥不敢恭維的「毒氣蒸鬱」，看似由自然環境導致的體感經驗，背後也牽扯出影響聚落發展的原因。一方面，終年滾燙的硫磺水，不僅會造成鄰近地區的土質改變，不利於農作生長，再加上該區鄰近凱達格蘭族的傳統生活區域，數百年來在邊界之處就多有衝突，久而久之甚至在民間流傳著滾燙熱水其實是由部落女巫施行巫術所使用的「女巫湯」的謠言，更是讓眾人不敢輕易靠近。

種種因素都讓漢人移民不願靠近此地，但如果你認為這樣就中斷了該區的發展，那可能就陷入傳統漢人史觀的陷阱了。其實早在清治初期，該地的原住民部落就有將礦產資源轉售給外國商人的紀錄，甚至有少數的原住民部落會將全身浸入溪谷裡潺潺的溫泉進行療傷以收保養之效。至於漢人有規模地進入該區墾拓，則是遲至一八八四年劉銘傳在北投、金包里兩地興建了「磺務局分局」後，才基於開發礦產資源的理由被重視，但對於汩汩的磺水（hông-tsuí）資源，仍舊敬謝不敏。

相對於傳統漢人的不感興趣，遊覽各地的外國商人卻早已在此地嗅出商機。相傳一八九三年，在大稻埕經商的德國樟腦商歐利（Ohly）[8]，某次在進行交易時，無意間打聽到鄰近北投溪之處，有一處風景絕佳的空地，一旁鄰近的溫泉池水，更是放鬆身心的絕佳選擇。

經過幾次探聽後，歐利決定投注鉅資，打造臺灣史上首個私人經營的「礦（磺）水俱樂部」[9]，爾後也成為許多外籍官商的休閒空間。

⑧僅管目前出土的史料中對於「歐利」的講述甚少，但從一八九五年來臺採訪兼行商的美國籍記者達飛聲（James Wheeler Davidson）在《臺灣的過去與未來》（*The Island of Formosa; Past and Present; History, People, Resources and commercial Prospects*）一書當中，我們可以知道在一八九五年日本軍隊即將進入臺北城之際，許多傳統的地方仕紳向達飛聲、英籍商人湯姆遜（G. M. T. Thomson）、德籍商人歐利（R. N. Ohly）等人求援，希望透過這群外籍人士與日本軍隊協商如何以勿濫殺平民為前提，迅速恢復臺北城之秩序。

⑨直到今日，仍然無法確定歐利的「礦（磺）水俱樂部」究竟是否有進行商業上的利用，但如果從現在的角度來看，這個「礦（磺）水俱樂部」極有可能是臺灣史上第一個私人經營的溫泉會館。在《臺灣總督府公文類纂》當中便有記載，殖民政府以一坪四錢的價格大量收購北投地區的土地，以作為日後溫泉俱樂部建地之用。當時僅用三千七百一十三圓四十六錢的價格就收購了四萬九千兩百五十九坪的土地。（資料來源：臺灣總督府公文類纂數位化檔案，〈北投庄溫泉場買收ノ件〉，32-5，頁38。）

進入日治初期後，日本軍隊在征討反抗勢力的過程中，意外地發現了北投沿山地區湧出的溫泉，幾經調查，意外發現該地的泉質不僅具有舒緩疲憊的功能，更深具療養的效果，尤其對於罹患慢性病的患者而言（例如腳氣病），更是絕佳的休養地點。

漸漸地，有越來越多軍籍傷患、病患被移往北投的溫泉地進行療養，再加上松本龜太郎、平田源吾等日本商人大力宣傳下，截至一九〇〇年底，北投當地就出現了「松濤園」、「保養園」、「清泉館」、「天狗庵」等數家溫泉旅館，可以說是始祖級的溫泉旅店。

緊接於後，則有星乃湯（相傳孫文曾來此泡過）、松島屋、桔梗屋、松濤園、養氣閣等溫泉旅館相繼開業。根據史料顯示，全盛時期的溫泉旅館高達二十五家，又依據不同的服務項目，細分為「休憩所」、「旅館」、「料理店」，消費金額則是從兩圓五十錢到六圓不等，可供客倌自由選擇。

正當溫泉產業蓬勃發展之際，「新北投」這個詞彙也悄悄地出現於史冊之中。眼見溫泉產業日益蓬勃，有越來越多的日本人從臺灣各地前往北投一睹溫泉旅館的風采，然而受到交通條件的影響，許多旅客必須先搭乘淡水線鐵路，一路從臺北車站、圓山站、士林站到北投站，出了火車站後，還必須要選擇人力車或是徒步走去溫泉地。

由於北投車站與溫泉地的聯繫道路未臻完善，造成許多日本旅客的抱怨，有鑑於此，在鐵道部運輸課長村上彰一的主導下，專闢一條由「北投—新北投」的鐵路支線，其目的就是來分擔溫泉觀光的日籍遊客人次。

一九一六年四月一日，「新北投車站」開始接送來往的旅客。也因為這一條鐵路的建設目的就是專門供泡溫泉旅客所用，當時這條鐵路就已經有「浴場線」的美稱，也從這個時刻開始，凡是談到「新北投」者，腦海當中大多會出現舒服的、享受的泡湯景象，也榮獲了「溫泉鄉」的美稱。

再來看看另外一個著名的溫泉地——草山溫泉。

與北投溫泉相似之處在於，草山溫泉之所以被發現，也有賴「土匪」的功勞。

相傳日本軍隊在鎮壓簡大獅勢力時，偶然在一片陰鬱的林野間發現了潺潺的溫泉水，但考量到必須專注於防範土匪的侵襲，當時並沒有餘力進行探採與開發。

隨著北部反抗勢力一一遭到殲滅，由受降者修築的「土匪仔路」也讓草山溫泉的開發露出曙光。像是基隆煤炭礦療養所的經營者木村泰治、若草屋旅館的開創者半田治右衛門以及宮川一水等少數與殖民政府關係良好的商人就藉此獲得開發的權利，在一九〇一年之後便於草山上興建私人溫泉療養所，民間輿論甚至指出草山溫泉的利用價值將高於北投。

此番言論馬上吸引了開發者的目光，臺灣土地建物株式會社很快地就大量收購紗帽山一帶的土地，並著手進行「臺北－草山」的道路修築工事，可惜礙於當時的技術未臻成熟，道路品質依然低落，許多慕名而來的泡湯者甚至僅能以步行的方式登山，由於諸多不便導致開發程度始終不佳；另一方面，正因為在殖民政府的空間建構藍圖中，草山被設定為首都的水源保護區，因此不管是在營造、建築方面都有諸多限制，不具備相當背景的人，是沒有辦法在此地插旗營運的。

正因為北投與草山皆擁有得天獨厚的溫泉資源，再加上觀光休閒的需求，在臺北州主事者的規劃之下，兩地自一九一二年之後都開始籌建大型的「公共浴場」。

自從一九一三年「草山公共浴場」開始興建後，各機關單位也相繼在草山設置專營的溫泉休憩療養所，諸如草山警察職員療養所（一九一八年）、草山警察官吏療養所（一九一九年）、遞信俱樂部療養所等，各單位插旗的意味濃烈。

日治時期位於草山上的溫泉旅館相當多元，其中最富盛名則是圖中的「臺北州立公共浴場草山眾樂園」。佔地廣闊的公共浴場草山眾樂園採用阿里山檜木作為建材，標榜除了基本的男、女泉池外，還提供兒童浴池、撞球間、食堂，以及販賣部等休閒設施。（圖片來源：國立臺灣歷史博物館收藏，館藏號：2001.008.0081.0007）

當然，商業嗅覺靈敏的民間業者也不會放過這個機會，像是巴旅館、若草屋旅館、多喜の湯旅館、山梅旅館、草山ホテル等也在此後陸續開張。

如果細究草山地區溫泉旅館的經營者，我們可以發現一個有趣的現象——相對於新北投地區，草山當地溫泉業者大多是和殖民政府的殖產事業有所關連，例如巴旅館的經營者館野小捨，就是專營往返臺北與草山之間的「巴自動車商會」創始者館野弘六的女兒；「多喜の湯」的經營者德永萬七，則是殖民地海路運輸業的翹楚。

這也是為什麼，儘管草山庄的人口或是發展程度並沒有北投或士林來得優良，但是在官商共同經營之下，依然成為臺灣北部最具盛名的觀光地之一。這樣跨時代的噱頭，不僅讓更多日本人前仆後繼地造訪，也在無形中改變了許多臺灣人對於溫泉的觀念。

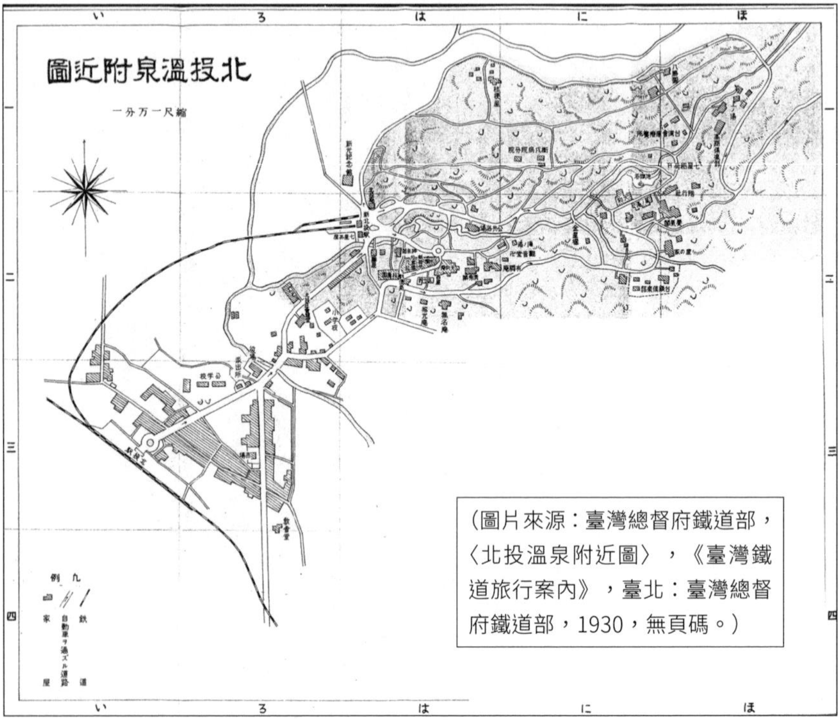

（圖片來源：臺灣總督府鐵道部，〈北投溫泉附近圖〉，《臺灣鐵道旅行案內》，臺北：臺灣總督府鐵道部，1930，無頁碼。）

如前所述，早期會流連於溫泉區的消費者，多半是以日本籍的官商為主。然而隨著現代化教育逐漸普及，以及臺灣總督府有目的性地形塑泡溫泉的益處，許多新世代的臺灣青年早在學生時期，就已經透過「修學旅行」或是參訪研究機構來認識「溫泉」這個兼具自然與人文要素的資源。

也是從此刻開始，新世代的臺灣人自小便逐漸接受溫泉的存在，甚至認為泡溫泉這項行為不僅是種生理上的享受，更是精神上追求進步的象徵。話雖如此，當時有能力負擔溫泉消費的人，仍是以中上階層的仕紳、資產人士為主，這些人不只到各處「考察」日本人經營的溫泉旅館，也時常會在臺灣人所開設的溫泉旅館進行消費。

例如在一九二一年新竹仕紳黃旺成的日記裡就有「浴後出，再入沂水園註〔注〕文支那料理」、一九四二年臺南醫生吳新榮的日記「一道去新北投，到沂水園休息，舒舒

（圖片來源：臺灣總督府，《公學校用國語讀本 第二種 卷七》，臺北：臺灣總督府，1936，頁31。）

服服地洗溫泉，閒談世事」等紀錄，在在顯示這些受過教育的臺灣人不只不懼怕「溫熱的湧泉」，甚至還懂得「享受」溫泉業者提供的各種服務。

但是，何以草山會和「神聖」、「精神」的意象畫上等號呢？

這就要從一九二三年裕仁皇太子來臺「行啓」的故事說起。

奉迎：皇太子要來了！

沿道街衢奉迎者，自軍隊、官公吏等到各種團體及學校生徒，整然堵列於兩側，自車驛至御泊所之間，殆不殘寸地，而恭順靜肅不紊一系之狀，真足賞讚。

——《臺灣總督田健治郎日記》下冊，
一九二三年

一九二二年年底，一紙來自日本內地的小道消息傳到臺灣，據說兩、三個月後，攝政皇太子裕仁打算展開一趟「巡臺之旅」，親眼見識這塊日本帝國第一個海外殖民地。

這樣的消息引起臺灣總督府內一陣譁然，上自臺灣總督、下至基層官僚無不籠罩在既期待又怕受責難的氣氛之中。

在歷經數任總督以及行政官僚的努力下，三十多年的統治經驗不僅讓熱帶傳染疾病獲得有效控制，也在警察與保甲制度共構的監控網絡下，使得地方的治安狀況不再像統治初期那般嚴峻。其中最值得總督府拿來說嘴的，大概還是相繼完成鐵路、港口等各項大型交通建設後所帶來的盛況，熙來人往的貨運、人流象徵殖民地各種產業的勃興。如此的盛況，不僅讓臺灣成為殖民地治理成果的楷模，也引起日本國內媒體以及皇室的注意。

話雖如此，面對這位年輕、富有好奇心又周遊各地經驗豐富的皇太子，臺灣總督府仍舊不敢馬虎。收到消息後不久，臺灣總督田健治郎馬上召集中央以及地方重要幕僚，準備在將要到來的長官面前好好地將臺灣展示一番。

幾番討論下來，府內職員們整理出幾項重要指標：

一、臣民之以誠意表諸種奉迎之手段，素雖無妨，不可涉浮華輕佻，以靜肅著實之體度可表誠意事。

二、鑑殿下過般來北海道、四國等行啟之實蹟，殿下就各般事物，常以研究的體度見垂，深察玩味，隨而每無御休憩之暇，有過勞之恐。定日程勉存多少之餘裕，可避負擔過重之恨事。

三、警備方法雖可盡最善之注意，勉避外面上威嚴的方法，且對奉迎臣民，可溫和寬待，令無失儀之事。[10]

受到文官思維所影響，田健治郎在籌劃這趟「臺灣行」的相關設計時，刻意避免前幾任武官總督所採行的高壓模式。相反地，他利用鋪天蓋地式的媒體宣導，刻意營造出所有殖民地子民皆有機會近距離感受日本皇族的神聖光輝，與此同時，再透過縝密的動線規劃以及地方長官薦舉、選拔等措施，挑選出適合參加「奉迎大典」的人選，一場呈現大日本帝國共存共融光景的展演劇碼，就此展開。

在這種不成功便成仁的氛圍之下，臺灣總督府各級官員立刻比照過去接待皇室成員的經驗，組織全權負責各項事務的「奉迎委員會」。

作為統籌日本皇族來臺各項事務的最高指導機關，「奉迎委員會」的任務可不只

⑩見田健治郎作、吳文星等編著，《臺灣總督田健治郎日記（下）》一九二二年十二月二十日，臺北：中央研究院臺灣史研究所，二〇〇九。

是要確保沿途各項維安措施，要讓這群遠道而來的皇親國戚對臺灣留下好印象，每日食、衣、住、行、育、樂的各項細節都不能放過。當然，為了避免讓舟車勞頓的皇太子過於勞累，奉迎委員會也會適時安排幾處休憩場所，讓皇太子可以更輕鬆地感受殖民地的風土民情，讓在臺日人流連忘返的草山北投，自然毫無懸念地被列入這趟旅程之中。

話雖如此，這次要接待的對象實在過於尊貴，要如何確保參訪沿途的治安品質，又要如何從草山北投兩地挑選出適宜的接待人選，都讓田健治郎傷透腦筋。所幸，這項難題對經驗豐富的奉迎委員會而言並不成問題。在委員會的指示下，地方當局透過「一、二十五歲以上未滿四十五歲的內地人，二、言行剛正、體魄強健者，三、身高在五尺一寸以上、視力良好者」三項指標進行資格審核，經過多輪篩選後，最後由四名日本籍的後備步兵職工「擔綱」此項別具意義的重任。

另一方面，為了要營造出全島歡騰、爭相親睹「聖容」的氣氛，「奉迎委員會」不只是嚴格執行人員篩選、禮儀訓練、路線規劃等行政事務，還必須密切和地方州廳、甚至各街庄代表進行沙盤推演。其中，動員並「安排」揮舞飄揚的日本國旗海可謂這場奉迎大典的必備要件。

根據一份名為〈學校職員生徒兒童送迎心得〉（〈學校職員學生兒童奉迎送須知〉）的記載，由各地學生所組成的「奉迎送部隊」必須要在規定時間至特定地點集合，等待皇族通過的期間須維持隊伍的整齊，且不得嬉鬧，當皇室成員通過時，待「指揮者」一聲令下，站在隊伍前方「旗手」就必須迅速將手執的校旗往下傾斜，所有學生也在口令聲中，完成立正、脫帽、行禮、復帽等步驟，直到長官的行進行列遠離為止。

奉迎

面對這些遠道而來的貴客，有些地方長官則是趁機編列大筆預算來擴寬道路、修整市容，甚至是大興土木建造各種具有紀念性質的建築物。

舉例來說，當時臺北州臨時協議會接獲皇太子即將來草山、北投遊覽的消息，立刻以「臨時土木營繕」以及「臨時衛生」的名義，編列近十萬餘元的經費，趁機將久未修繕的市容整頓一番。此外，為了使汽車可以順利地雙向通車，也特意進行「士林－草山」、「北投－草山」路段的拓寬以及砂礫工程。

然而真要說到利用「皇太子殿下行啟」名義來大興土木的案例，就不得不提到「草山貴賓館」以及「北投公共浴場」的擴建事宜。

為了讓皇太子一覽草山壯麗的景緻，草山貴賓館的建築地點特

上｜（圖片來源：臺灣總督府秘書課，《秩父宮雍仁親王殿下臺灣御成寫真帳》，臺北：臺灣總督府秘書課，1925，無頁碼。）

下｜透過歷史照片，我們可以發現這些看似整齊劃一的身影，大多有著稚嫩的面龐，沒錯，最常被動員到奉迎場合的人，就是各級學校的學生。（圖片來源：臺灣總督府秘書課，《秩父宮雍仁親王殿下臺灣御成寫真帳》，臺北：臺灣總督府秘書課，1925，無頁碼。）

別選在視野廣闊的延山區段，總計兩千四百九十坪的土地之中，還特別替喜好植物的裕仁皇太子搭建充滿日式風格的人造圓石造景以及池潭。

至於建築體本身採取木頭建材，並在內部規劃御休憩室、次間、廁所、浴室等隔間，就這樣，一座由自然景物與人工技術交織而成的典雅山莊，就此誕生。

相較於草山貴賓館的悠閒設定，北投公共浴場的規劃就顯得常民些了。在二樓新築了大約三十多坪的休憩區，除了提供樂器、將棋、乒乓、圖書等娛樂設備，並在旁增植參天的高大綠樹，以供欣賞。這項花費了近一萬七千圓的增築工程，為的就是要在皇太子的面前呈現兼具療養以及遊憩功能的空間。

左｜從圖中可以發現，草山貴賓館唯一的聯外道路路口即有草山警察官吏派出所以及草山郵便局，前者可以確保治安，後者在有突發狀況時，可迅速以局內的電報進行通報，再加上在沿道及各要點配置了近二百七十餘名警察來回巡查，治安防治可以說是滴水不漏。據統計，當時所花的工費約二萬八千八百十四元六十三錢，共用了兩個多月便興築完工。（圖片來源：楊燁先生提供。）

昭和十年八月十日基隆要塞司令部檢閱濟

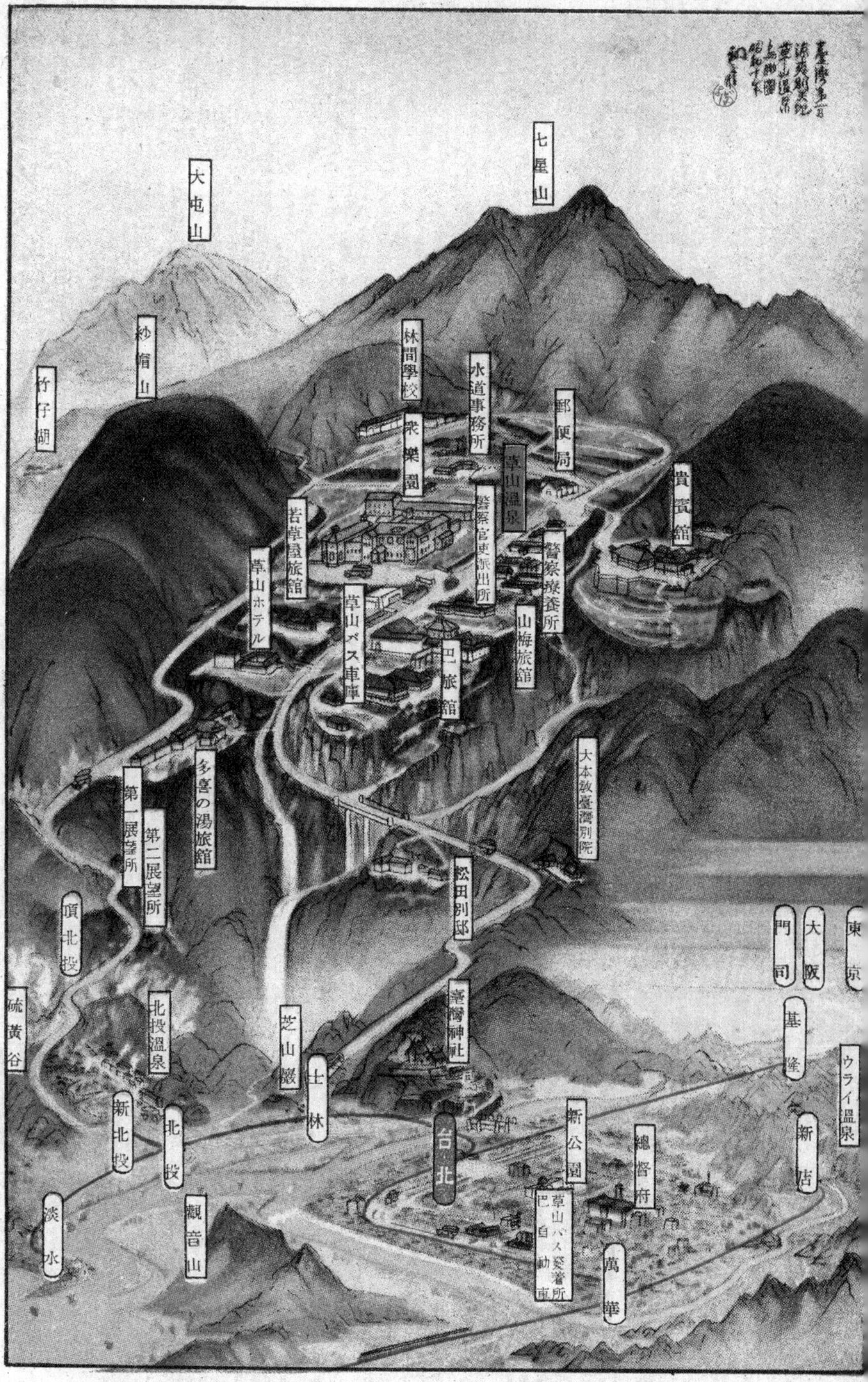

草山温泉鳥瞰圖　吉田初三郎畫伯筆

（頁 96-100 之圖片來源：臺灣寫真會編纂，〈ラジウム溫泉公共浴場（臺北廳北投）（e）（廊下）〉，《臺灣寫真帖 第一卷第 11 集》，臺南：臺灣寫真會，1915 年 8 月，無頁碼。）

就在一切看似準備就緒之時，卻發生了個小插曲。原來是田健治郎總督坐車巡視草山沿道時，意外發現當地聯外橋樑出現地基不穩的狀況，為了避免皇太子通過時發生意外，遂命工程師將基柱改為鋼鐵條，且要求整座橋面必須突出水面約四十五公分以上，才算符合資格。待這座橋修建也審核完畢後，田健治郎則給它一個富含韻味的名稱——「多喜の橋」，象徵皇太子來臺行啟的永世紀念。

可別以為只有日本官員才懂得抓緊時機的道理，許多與執政者關係良善的協力者，也會趁這個機會捐納資金，甚至在街庄出口處搭建符合日本風格、政治正確的特色樓臺，為的就是要讓皇室成員留下深刻的記憶。士林庄就在庄口處設立了一個宛如璧城的大綠門，北投庄也比照辦理，在通道口前建立一座純日本式的大綠門。

等到萬事俱備的時候，裕仁終於在一九二三年四月十六日平安順利抵達臺灣。風塵僕僕的他在基隆港登岸後，隨即驅車前往臺灣總督府休息。如果裕仁翻閱當天的出刊的《臺灣日日新報》，就會看到辜顯榮、林熊徵、陳獻琛等許多熟悉的名字出現於其中，那一篇篇預祝太子來臺順利的文字，或許也道出這群商人協力者們最真切的渴望。

按奉迎委員會的排定行程，皇太子殿下終於要在四月二十五日親身「體驗」草山、北投的成果了。

當天一早，裕仁便換上淡灰色襯衫、麥色西洋帽從總督官邸出發，沿途經過了明治橋、劍潭，大約在十點三十分的時候抵達士林街。只見沿途道路早被保甲役員、學生以及一般民眾所塞滿，上萬幅日本國旗在空中熱切揮舞著。

眼見民眾的熱情，裕仁也相當有風度地脫帽致意。暫留片刻後，車隊轉入草山道，又有一百八十名草山公學校學生以及上千名民眾在沿道奉迎。順利抵達草山郵便局後，裕仁皇太子便在總督田健治郎的引領下，步入甫建好的草山貴賓館內，一邊品嚐小點、一邊聽取總督府對於草山未來開發以及溫泉產業效用的簡報，這一待便是兩個小時。

素聞北投溫泉聞名海內外，午後時刻，車隊便浩浩蕩蕩地駛向北投。一行人先是到北投公共浴場參觀休憩室以及食堂的建設成果，稍憩後則趕往鄰近的衛戍病院⑪以及到北投溪前觀覽聞名國際的「北投石」，最後在裊裊溫泉霧氣以及眾人的歡呼聲中返回臺北。

裕仁旋風式的登臺，著實讓臺灣總督府花費大筆預算、大量人力來強化各項門面，一時間，臺灣的現代化建設彷彿又向前跨了一大步；待裕仁離開後，殖民政府為了確保臺灣民眾記得這段「豐偉」的過去，透過各種看得見的石碑、看不見的紀念日儀

⑪今三軍總醫院北投分院。

式，由內而外地將殖民經驗嵌入一般民眾的記憶之中。

此次堪稱是日本統治臺灣以來最成功的「大外宣」，不僅讓裕仁留下深刻的印象，也讓臺灣總督府更加熟悉各項議題的宣傳策略，一九二〇年代末期，一場牽動臺、日、朝鮮的票選活動，更是完美地驗證了這種能力。

宣傳：草山北投是一體的！

北投草山的遊覽地，可以從北投地獄谷噴出的瓦斯氣體一直到位於頂北投的溫泉場，而到草山的沿路也有絕佳的景緻，將來肯定是一大遊園勝地。

——臺灣總督府鐵道部，
《臺灣鐵道旅行案內》，一九二七

在科技相對發達的今日，想要到世界各地遊覽名勝、大啖在地美食已經不是件難事，只要在搜尋引擎上打入相對應的關鍵字，懶人包、部落格、甚至是vlog的影視內容隨即映入眼簾。

但把時光往前拉一點，身處於日治時期的臺灣人如果想要知道各地有什麼好玩、有哪些好吃的話，找到一本講述各地觀光景點的「案內帖」，恐怕就是最快且最有效率的途徑。

廣義地來看，第一本出現介紹臺灣景點的書目應該是由東京博文館於一九〇一年出版的《日本名勝地誌》第十二編《臺灣之部》，該書分為臺北、臺中、臺南、臺東、宜蘭、澎湖等主題，每一個主題故事則是以該地的名勝風景為基礎，同時介紹該區在荷蘭、清治時期以及日本治臺以後的差異，總共收錄了兩百零三個的臺灣名勝。可惜的是，《臺灣之部》不管是在名勝的調查或是文字的詮釋角度都富含了濃濃的政治宣示意味，對於一些真的想要「按圖索驥」，好好找個遊玩景點的遊客而言，這顯然不是一個理想的讀本。

正因為觀光事業屬於新式產業，臺灣總督府統治臺灣的初期編制並沒有專職推展觀光事務的單位。直到西部縱貫鐵路完工後，鐵道部為了宣傳自家鐵道的各項周邊事業，這才萌生將過往調查紀錄與臺灣各地景點作結合的想法。

一九〇八年以及一九一二年，鐵道部先後出版了《臺灣鐵道名所案內》和《臺灣鐵道案內》兩本重要的「案內」，可以說是當時最具指標性的導覽介紹手冊。

為了要讓這兩本書籍的傳播範圍更加廣泛，鐵道部可以說是絞盡了腦汁。首先，兩本案內帖不時地將臺灣與日本內地的氣候狀況相比擬，也特別在內文當中加入地理、鐵路的解說文字，為的就是要一改世界各地遊客對於臺灣氣候灼熱、風土病蔓延的刻板印象。

另一方面，鐵道部也相當積極在大小主題博覽會爭取曝光。例如一九〇八年四月，以慶祝縱貫鐵道終於要在臺中聯接為名的全島「汽車博覽會」中，鐵道部就特意和主辦方協商，爭取將《臺灣鐵道名所案內》放置在會場最顯眼處，以便參與博覽會的民眾自由索取，並閱讀這份刊物。

有趣的是，由於這個時期刊物內容的論述重點仍著重於平反眾人對於臺灣島的誤解，所以這兩本刊物的整體架構，仍偏向於個別景點的地理、風土介紹，並沒有套裝旅遊行程的規劃。

這樣的現象終於在一九一六年出版的《臺灣鐵道旅行案內》獲得改善。看準了這個時期的臺灣不管是治安、衛生、經濟甚至是交通狀況都更加穩定，《臺灣鐵道旅行案內》在開頭就明確指出「本書的目的乃是提供臺灣鐵路旅行導覽用的觀光物」，更毫不掩飾地道出《臺灣鐵道旅行案內》將會把介紹重心置於鐵路沿線的都市、交通機關以及各地的名勝景點，更重要的是，書中內容貼心地替讀者規劃了類似今日旅行的套裝行程，包含食、衣、住、行、育、樂皆面面俱到。

眼見鐵道部開出近代觀光事業的第一槍，總督府內其餘的單位也不遑多讓，爭相加入這場觀光大戰。一時間，各種主題式的觀光景點介紹書、地方性小指南、溫泉指南，或是觀光指南等印刷品紛紛出籠，臺灣貌似籠罩在一股歡騰且熱鬧的觀光風潮之中。

眼見殖民地如此龐大的旅遊商機，日本國內其他政府單位、甚至是各大民營企業自然不會接受由臺灣總督府所獨佔。

適逢日本帝國推行現代觀光旅遊的國策，一九二七年，大阪每日新聞社和東京日日新報社贊助由鐵道省主辦的「日本新八景」票選活動。這場牽動全國的活動，企圖讓

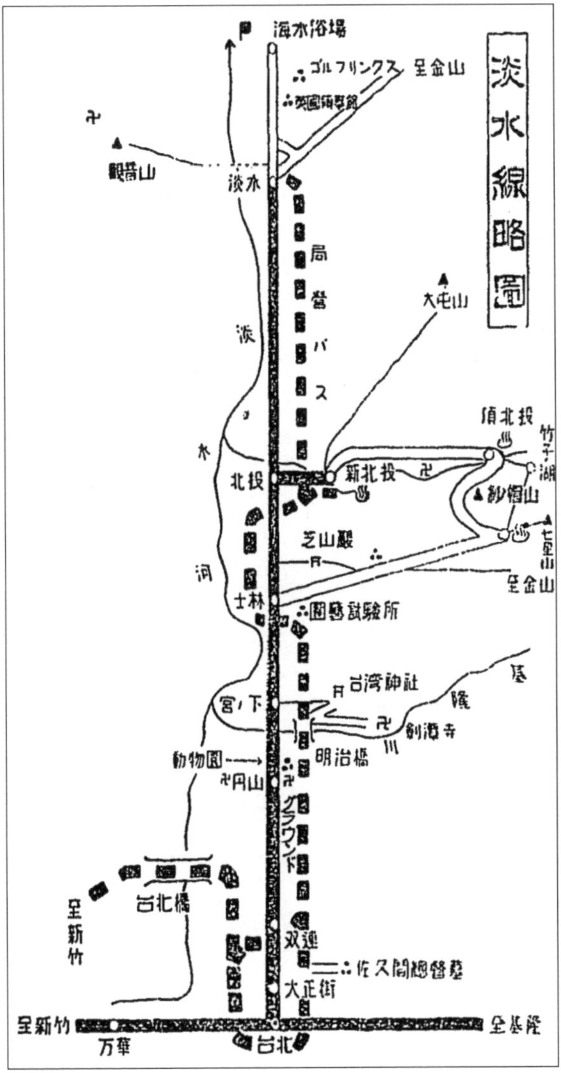

（資料來源：臺灣總督府鐵道部，《臺灣鐵道旅行案內》，臺北：臺灣總督府鐵道部，1935，頁 133。）

日本本土的民眾利用手中選票，選出最能代表日本風土的八處名勝風景地，一方面能凝聚國人意識，同時也有增進觀光產業的效益。這場堪稱自明治維新以來數一數二的大型活動，最終累積近九千三百萬張有效選票，可謂盛況空前。

眼見「日本新八景」的票選活動如此盛大，官媒色彩濃烈的臺灣日日新報社也摩拳擦掌，企圖拔得殖民地票選活動的領頭羊角色，「臺灣新八景」的票選活動，於焉誕生。

在這場以推銷臺灣為名、展現統治權力為實的票選活動當中，包含日本本島、殖民地臺灣或是朝鮮的民眾都擁有投票的權力，可以說也是配合殖民政府「同化主義」政策的最佳助攻員。

在「臺灣新八景」⑫的票選活動開始前夕，臺灣日日新報社更是善用媒體的資源，

⑫事實上，在清治時期的臺灣就已經有許多文人雅士在觀看到壯麗的自然景致後，留下許多耐人尋味的讚頌詩詞。「臺灣八景」這個詞彙最早出現的地方是在康熙三十三年（西元一六九四年）高拱乾編纂的《臺灣府志》裡頭，包含「安平晚渡」、「沙鯤漁火」、「鹿耳春潮」、「雞籠積雪」、「東溟曉日」、「西嶼落霞」、「澄臺觀海」、「斐亭聽濤」等景緻。如果仔細對照清治時期的這幾個地點，可以發現清一色是環繞在今天大臺南地區的行政範圍內。可以想像的是，這與統治觸角以及文人社群集散的地域範圍有所關聯。一九一三年十月，臺灣日日新報社以慶祝天長節為名，製作一系列關於臺灣風土的專題報導。其中一位以「讀古村莊主人」為名的作者除了將「合歡旭日」、「南岬月明」、「新高倒影」、「珠潭浮嶼」、「關渡歸帆」、「東海石屏」、「旗後落霞」以及「北島觀潮」命為這個時期的臺灣八景外，更以專文的形式，鉅細靡遺地介紹了不同時期對於「八景」的概念轉換。可以這麼說，一九一〇年代的「臺灣八景」，實際也反映臺灣的開發早已不再侷限於臺南地區。此外，「臺灣八景」也不再只是地方志書裡頭硬梆梆的文學作品，而是透過影像的紀錄以及報章媒體的露出，成為更加生動且可親近的風景場域。

以特大篇幅的告示文章提醒民眾：

投票的方法：將認定為臺灣代表的名勝地書寫於官製的明信片或同一型的洋紙上，只可記入一景，並請寫明住所與姓名。一張書寫二景以上無效，但一人投票數張無妨。

為確保投票率不會太差，臺灣日日新報社費盡心思，最終規劃出相當有趣的促銷手法。只要符合投票資格、並成功投票者，就有機會獲得該次票選活動的限量紀念獎章；在票選結果出爐後，更會抽出幸運的民眾，贈與金腕時錶（一等獎）、上等布匹（二等獎）、十圓債券（三等獎）、五圓債券（四等獎）、鬧鐘（五等獎）等豐富的獎項。

鋪天蓋地的媒體宣傳、比照日本國內「全民參與」的情感操作，再加上如此優渥的獎項，此次票選活動最終創下大日本帝國有史以來最驚人的紀錄，官方統計一共累計近三億六千萬張選票⑬的驚人數字。

試想，當時臺灣總人口也不過四百五十萬上下，就算加上日本本土和朝鮮，如此大量的投票數是怎麼產生的呢？

實際上，這也是主辦方的行銷策略之一。為了要衝高投票數字，除了祭出優渥獎品之餘，更沒有限制每個人的投票次數。換句話說，只要願意付錢購買明信片或是投票紙的人，都有權力參與這場無限次數的票選遊戲，再加上各地為了宣傳自家的「候選人」，無所不用其極的集資甚至是動員投票部隊，都可以說是讓總票數飆升的原因之

⑬根據《臺灣日日新報》的說法，實際的票數是三億五千九百六十三萬四千九百零六票。見〈積み重ねると富士山の二十倍　驚くべき八景投票の量〉，《臺灣日日新報》，一九二七年八月二日，五版。

一。

苦心經營多年的草山溫泉以及北投溫泉，就這樣加入票選大戰。只見兩地居民積極向親朋好友拉票，地方店家也紛紛祭出各項優惠方案，時人更是形容草山不但具有夏季避暑、溫泉療養的休閒功能，沿途的景緻甚至與日本箱根的雙子山極為相似，堪稱是「臺灣の小箱根」。

果真皇天不負苦心人，以自然風景以及觀光休閒為名的草山、北投分別以五百三十九萬以及四百六十六萬張得票數，獲選為臺灣十二勝。

如此轟動的票選活動之後，臺灣總督府鐵道部隨即將獲獎的資訊更新在最新一期的《臺灣鐵道旅行案內》，於是內文出現了這樣的景點介紹：

北投草山的遊覽地，可以從北投地獄谷噴出的瓦斯氣體一直到位於頂北投的溫泉場，而到草山的沿路也有絕佳的景緻，將來肯定是一大遊園勝地。

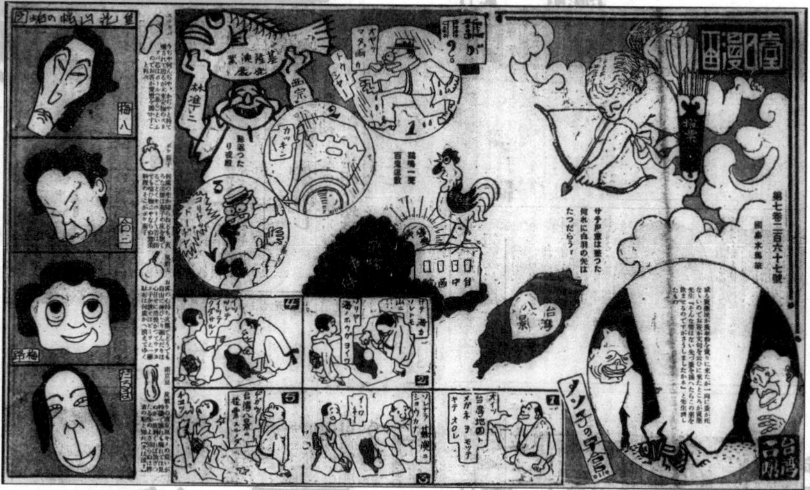

在票選活動的尾聲，《臺灣日日新報》上也出現了相對應的漫畫題材，豐富的視覺以及左下角生動的漫畫劇情，呈現出充沛的動能以及全民熱衷的程度。（圖片來源：〈臺日漫画 第七巻百六十七號 國島水馬筆 投票 臺灣八景〉，《臺灣日日新報》，1927年6月17日，6版。）

「北投草山の勝」首次被歸類為同一個項目，可以說是劃時代的轉捩點。

首先，是空間概念的突破。一九二七年出版的《臺灣鐵道旅行案內》除了延續前幾版本對於草山、北投產業的描繪，更進一步地推測「北投草山」在未來可望成為臺灣的「二大遊園地」。

此外，由於文字敘述當中「想像」未來兩地予以整併為一個更完整、更舒適且景致優美的休閒空間。這不僅僅是預示了殖民政府對於這塊土地的規劃方針，更等於是在空間中圈劃出一道無形的、以休閒觀光為名的界線。

而這條看似無形、卻又相當明確的空間概念，在八年之後全島型的博覽會中，以更具象化的方式被展示了出來。

特別篇

考察：陳儀以及臺灣考察隊

「閩省與臺灣僅隔一衣帶水，自然之環境既同，所生之物產無異，自氣候地質以至於農林漁牧殆無一不同，臺灣此前所用之經營各種產業之方法，在在足為吾人可證之資料。」

——陳儀，《臺灣考察報告》，一九三五

一九三四年十一月，臺灣島內正如火如荼地準備「始政四十週年紀念臺灣博覽會」，反觀海峽對岸的福建省政府卻被省務狀況逼得焦頭爛額。一方面，他們必須妥善調派境內各項物資，用以應付中央的「清剿」政策；再來，又必須時刻警惕臺灣總督府的南進國策，稍有不慎，日本帝國在華南一帶的政經、文化滲透勢力將會高漲到無法控制。

儘管面臨諸多壓力，善於行政斡旋的福建省主席陳儀卻顯得游刃有餘。先是在內部會議指示應多加參考鄰近政權動態，隨後便以建設廳長陳體誠為首，另有多達二十二名不同專業知識背景人士組成的「考察臺灣實業團」就此成行，目標是要在最短的時間內了解臺灣各項產業、建設作為考察目的。

如此大陣仗的參訪活動，自然引起臺灣總督府高度關切。一行人浩浩蕩蕩抵達臺灣後，馬上就以農林、工業、民政及經濟等四大產業類型作為分組依據，並在總領事館的同仁規劃、帶領下至臺灣各地考察，部分組別甚至也在臺灣總督府的允許下，拜訪了殖產局、中央研究所、感化院、專賣局等機構。

歷經十餘天的考察行程後，考察團帶著豐碩的資料回到了福建，並公開發表此次「臺灣行」的種種心得。內容除了盛讚臺灣總督府熱切的款待外，也對於臺灣各地道路的稠密程度、技術人員的專業態度感到欽佩。

有趣的是，該文中歸納出三大要點來說明為什麼臺灣得以發展得如此榮盛：

一、政府擁有十分強大的實力來執行各項政策。

二、日本人的忍耐力強，並不會因為一時的挫折而捨棄初衷，也才可以依次完成嘉南大圳、阿里山、日月潭等宏大的工程事業。

三、政府不管面對何種事業，皆具備充沛的經濟自信心。

幾乎在同一時間，《臺灣日日新報》也刊出了陳體誠對於此次考察臺灣的看法：

日本政府相當擅於進行指導，人民亦刻苦耐勞，再加上經濟充實，才得以如此成功。回顧中華（國）因歷年變亂，導致事業投資往往功敗垂成。故鮮少再有對於國家事業有信心之人。例如土地荒廢的事情，中華（國）政府並沒有扮演任何良性指導者的角色。反觀日本政府的策略，就讓臺灣西部百分之八十的森林屬於官方所有，民有不過佔百分之二十爾爾。⑭

在反日情緒日漸高漲的中國內部，如此盛讚大日本帝國統治成效的言論本就不易

---

⑭〈福建考察團抵廈門 發表視察臺灣感想 考其發達原因有三〉，《臺灣日日新報》，一九九三年十二月一日，八版。

出現，然而對陳儀而言，此次考察成效著實斐然，尤其是臺灣總督府應對各項產業的「統制」策略，更是讓身為首長的他收穫良多，也悄悄在心中種下親赴臺灣考察，甚至「經建學臺灣」的契機。

一九三五年「始政四十週年紀念臺灣博覽會」舉辦前夕，臺灣總督府積極邀請各地官方人員來臺參觀。考量過往臺灣與福建省多有交流，臺灣總督府自然透過福州領事的協助，將這封改變臺灣後續命運的邀請函送達福建省政府。

收到邀請函當下，陳儀的心境卻不如想像中的快樂。

一方面，為了延續多年來福建省公、私部門和臺灣的經貿交流，由最高行政長官親自參與如此別具意義的大型盛會，自然可以展現出對等合作的誠意。然而，隨著一九三〇年代大日本帝國在海外的動作頻頻，如何避免觸動中央政府和大日本帝國那條日趨緊張的敏感神經，自然不能顯示出過分熱情的舉措。

綜合考量下，福建省政府終究是把決定權交還給中央，並將接獲邀請的事情呈報給位於南京的行政院進行裁奪。等待數日後，只見電覆「以考察為名義，作為地方性外交，不代表中央慶賀」。

短短數字，著實讓陳儀放下心中的大石。

就這樣，陳儀率領十餘名省府官員，浩浩蕩蕩地從福建省出發。根據當時《福建民報》的說法，這是繼甲午戰爭結束後，國內重要官員首次搭乘「國艦」出訪臺灣，抵達基隆港時，更是吸引了數十萬遠道而來的觀禮民眾。從陳儀一行人搭乘具備軍事能力的「逸仙艦」來看，也頗有向臺灣總督府展現國家主體性的意涵。

相對的，臺灣總督府也給足陳儀面子。甫抵基隆的陳儀一行人便獲得高規格的接待，隨後的晚宴更是由臺灣總督中川健藏親自招待，同行的總領事館高階主管、臺灣總督府官員外事課、博覽會外賓接待委員等更是全數到齊，一一和這位遠道而來的貴賓寒暄。

接下來數日，陳儀一行人除了參觀始政四十週年紀念臺灣博覽會以外，也在總領事館人員的陪同下，造訪日月潭發電廠、嘉南大圳、港口等工業設施，可以說是從北到南走透透，此行自然讓參訪團大開了眼界。

返回福建後，陳儀與同行的官員共同將此行的觀察重點匯集成冊，並出版為《臺灣考察報告》。在這一本多達六百餘頁的內容中，主要著重於臺灣經濟以及各項產業狀況，同時也針對臺灣的交通、衛生、警務狀況等提出具體的觀察報告。

像是在「交通篇」當中，論者概述了臺灣鐵道自劉銘傳以降的興建過程，在殖民政府的統治政策下，淡水線「沿線有臺灣神社、芝山巖、草山溫泉、北投溫泉等諸名

圖中右側前排第一位即是陳儀。（圖片來源：〈陳儀主席一行が中川總督を 訪問（向つて右端陳儀氏左から三人目中川總督）〉，《臺灣日日新報》，1935 年 10 月 23 日，夕刊 1 版。）

勝」，其中，對於臺灣溫泉建設則是以誇讚「臺灣政府乃利用此天然噴出之鑛泉，用公共衛生費建設公共浴場，以獎勵臺人之洗浴……」。

當然，也有許多觀「臺灣」思「福建」的省思。

像是在「警政篇」裡頭，撰寫者先是將當時臺灣的警務制度進行總體式的說明，再藉由名詞解釋、責任歸屬來說明各種階層的警察職權之所在。其中，在提到「衛生警察」的執勤業務時，就曾以臺灣早期水源污濁，但在警察強力施行衛生教育與環境改善業務後，成果斐然。反觀福建省省會地區，至今仍然必須仰賴井水、河水，實在是苦不堪言。

儘管現今已有許多研究者指出，一九三五年出版的《臺灣考察報告》，在內容上多沿襲日本總督府既有統治成果，對於當時臺灣實情的了解相當有限。然而，正因為有這一次「初探」（嚴格來說應該是「二探」）的經驗，整個福建省政府可以說是中華民國各個省份當中和臺灣合作最密切的政府單位，陳儀的對臺經驗自然讓他成為國民黨內少數的「臺灣通」，也連帶影響了臺灣接下來的命運。

第三章

從觀光勝地成為復興特區

觀光館：清幽卻不失權力展演的好所在

「臺灣改隸四十年來，官民合力、不屈不撓地進行各項努力，改善各項設施，提升各種文化，殖產興業之進步更為顯著…臺灣為帝國發展南支、南洋政策之源頭，為貿易與國防極為重要的地位…始政四十週年紀念博覽會開催之目的，為介紹臺灣的文化、產業發展現況…網羅開陳各地諸般資料，以資本島之發展……」

——平塚廣義，《臺灣總督府後援始政四十周年記念　臺灣博覽會》一九三五

一九三五年十月十日上午九點半，三聲震耳欲聾的煙火聲在臺北的日空中炸裂。籌備已久、耗資近百萬圓的「始政四十周年紀念臺灣博覽會」，正式開幕。

儘管過去臺灣總督府早有多次舉辦主題博覽會的經驗⑮，然而「始政四十周年紀念臺灣博覽會」的意義卻是非同小可。

對臺灣總督府而言，邁入一九三〇年代以後的臺灣，無論是在政治、經濟、社會、教育等方面都已經獲得十足的進步，再加上日本帝國積極向南洋發展的國策方

⑮像是一九〇八年為了慶祝縱貫鐵路通車而辦的「汽車（火車）博覽會」、一九一一年臺南、嘉義、阿猴三個州廳共同舉辦的「南部物產共進會」、一九一六年展示殖民地統治二十年成果的「臺灣勸業共進會」、一九二一年展示現代醫學與防疫成果的「臺灣衛生博覽會」、一九二五年由臺北州主辦的「臺北州警察衛生展覽會」等。

針，種種因素都促使臺灣總督府官員思索籌備大型博覽會的可能。

歷經多次討論，以「臺灣」為名的大型博覽會就此定案。在這場博覽會之中，臺灣總督府為了向國際社會以及日本本國展示殖民地臺灣的統治效果，特別著重呈現統治前後都市空間改變、臺灣人民衛生慣習差異等角度，藉此突顯殖民現代性的具體成果。規劃此等展示內容的背後，不僅期望以殖民地臺灣的統治經驗，吸引來自日本國內資本家來臺投資，更期待能呼應大日本帝國「南進」國策的目標。

為了讓展示效益最大化，臺灣總督府自然得從長計議。在一九三四年編列年度總體預算時，總督府便要求各地方單位必須將這場空前絕後的大型博覽會列入經費評估；於此同時，臺灣總督府內首屈一指的高階主管也被任命為各項目的負責人，其中，時任臺灣總督府總務長官平塚廣義被賦予重任，擔任本次博覽會的會長，其他重要職責則由內務局長小濱淨鑛、警務局長石垣倉治、財務局長江藤昌之等人分別擔任相對應的工作項目負責人。

一九三五年一月，臺灣總督府召開首次「準備委員會」。會中決議將此次博覽會的會場分為第一會場（臺北市公會堂及公會堂以南小南門前的三線道路）、第二會場（臺北市公園）、第三會場（草山溫泉地）等三區塊，也同步定調沿線的治安、道路、行銷等項目。

沒想到消息一出，立刻引發眾多居住在大稻埕一帶的親日臺灣紳商不滿。包含臺灣總督府評議員辜顯榮、郭廷俊以及茶商陳天來等人皆認為如此重要的時刻，絕不樂見臺灣總督府再次將臺灣人排除在外，幾經討論，決定發起「大稻埕分館期成同盟會」，企圖利用眾多臺籍重要紳商聯名，積極爭取在大稻埕設立分會場。

念在臺灣紳商平日對殖民統治有眾多貢獻，臺灣總督府最終同意此項要求，並以「南方分館」[16]為名目進行展覽。

臺灣總督府之所以選擇讓步，自然有其盤算。

首先，在雙方斡旋的各項條件中，臺灣紳商必須分擔大稻埕展館設置時的相關經費，除此之外，運用大稻埕那渾然天成的漢人生活步調，對於營造「南方分館」的亞熱帶設定，效果可以說是事半功倍，也可藉此回應「南支南洋」的實際情況。若是從博覽會整體空間配置的角度來看，在臺灣人生活的街區裡頭，置入日本帝國邊陲的「南洋」概念，就可以更明顯地區隔主會場（位於臺北市區）和分館的差異性。

各方勢力多次斡旋後，這場號稱大日本帝國統治以來最大型的博覽盛會終於定案，將以臺北公會堂以及三線路南段作為第一會場、臺北新公園為第二會場，另設有大稻埕分會場以及草山分館等兩個主題館場。

但為什麼要特別將博覽會拉至郊區，甚至額外成立「草山分館」呢？

臺灣博覽會會長平塚廣義在《臺灣總督府後援　始政四十周年記念　臺灣博覽會》

最前端〈趣意書〉所言，無疑對草山觀光館的定位做了最佳註解。

「應將八景十二勝、以及大屯山、阿里山、タロコ國立公園候補地善加推廣。」

如前幾章所述，歷經一九二三年裕仁皇太子親臨草山、一九二七年草山北投入選「臺灣八景十二勝」，草山在一九三〇年代前期已成為享譽國際的觀光休閒景點。適逢一九三〇年代整個大日本帝國皆籠罩於國立公園選拔的熱潮，臺灣各地方有志之士紛

⑯在臺灣總督府的規劃中，「南方分館」包含南方館、暹羅館、菲律賓館、福建省特產物介紹所、馬產軍用犬及軍用鴿舍等特設館，各個展館的建築都帶有該地特殊的風格，但走進館內，舉凡擺設、展品資訊或是空間規劃，大多數仍以日本帝國亟欲開發南洋物資的資訊為主。

紛響應，接連發動地方型國立公園的請願運動，草山以及鄰近區域自然成為提名對象之一。

至於要以何地為名、又要主打什麼獨特的自然景觀資源，著實讓眾人傷透腦筋。為解決此一困境，臺北州廳決定以「設置大屯山國立公園」為題，邀請各方專家學者共同研議策略。會議當中除了討論協會未來的走向，許多委員堅信國立公園應該要兼顧綠化（廣泛植樹）與娛樂（設置兒童遊樂場、持續經營公共浴場）的方針，雖再次將草山、北投的發展潛力盤整考量，但最終卻決議將關懷重點放在自然幅員更為廣闊的大屯山彙，包含火山風景、溫泉、登山路徑則為該國立公園的特色。

就這樣，草山分館在始政四十週年紀念臺灣博覽會中，成為大屯國立公園預定地的最佳宣傳管道。

草山分館的設立不僅是奠基於草山、北投原本就有的觀光休閒功能，恰恰好也和一九三〇年代大屯國立公園預定地的風潮有所關聯。可以這麼說，臺灣總督府期望透過臺灣博覽會的機會，讓與會民眾感受到殖民統治下的自然景緻，「草山觀光館」從建築外觀到室內設計，在在顯示殖民政府對於臺灣自然景緻的觀點。

作為臺灣博覽會在草山的唯一展館，「草山觀光館」的建築本體為西洋風格的木造建築，共分為兩層，一樓為展場，開放給一般民眾參觀，二樓則包含貴賓室、寢室以及食堂。除此之外，為了要讓遠赴而來的人們感受大自然的景緻，草山觀光館刻意在館舍的四周種上松苗圃，更沒有設立販賣部，進入展館參觀也無須負擔入場費。

共計二十九幅的全景模型，包括大日本帝國轄內著名的觀光景點，而為了增加展場的多樣性，部分展品甚至加入了光影、雷鳴等聲光效果。

若是從展場動線來看，則更可以感受到來自官方的企圖。

(圖片來源：著者不詳，《始政四十周年記念臺灣博覽會寫真帖》，大阪：出版者不詳，1936，無頁碼。)

入館後隨及映入眼簾的是獨立隔間的伊勢神宮，內部模型則是由鳥居、玉垣襯托於旁，在長十五尺、寬九尺的神宮模型面前，參觀者將受其靈聖的氛圍所感召。

值得注意的是，草山觀光館裡頭出現一幅名為「未來の大屯」的展示品。細看展品介紹後會發現，果如其名，這是一個來自未來的大屯國立公園想像圖。在大屯國立公園預定地如火如荼展開的同時，透過展覽的機會，提前將建構籃圖展示予觀看遊客，可以說是帶有濃烈的宣傳目的。

觀光館開放當日即吸引眾多人潮慕名而來，為了因應龐大的流動人次，臺北自動車組合與巴自動車商會特別提供來往「臺北－士林」、「臺北－北投」、「臺北－草山（經由士林）」、「臺北－草山（經由北投）」等不同路線的載運汽車，兩大交通商會還相當貼心地在戶外設置十餘頂帳篷，作為旅客遮陽、避雨之用。

草山觀光館內各項展品
及其名稱

編號	名稱	地點
第一景	鞆之浦朝の景色	瀨戶內海國立公園
第二景	月夜の明石の浦	瀨戶內海、淡路島
第三景	屋島の夕景	丸山、八栗山、屋島山
第四景	國立公園大雪山の晚秋	北海道、大雪山
第五景	春の劍潭及大屯山系の大觀	圓山公園、劍潭、明治橋、大屯山、觀音山、北投街道
第六景	秋の塔山	阿里山、大塔山
第七景	月夜の日月潭	日月潭
第八 景	初冬の新高	玉山、阿里山
第九景	臨海道路	東部斷崖、米崙鼻 *
第十景	タロコ峽	太魯閣峽谷
第十一景	鵞鑾鼻燈臺	貓鼻頭、鵝鑾鼻、大板埒 *
第十二景	未來の大屯	國立公園候補地大屯山群
第十三景	夏の夜の松島	松島、瑞巖寺
第十四景	雪の橋立	橋立、成相寺

編號	名稱	地點
第十五景	秋の嚴島	嚴島、嚴島神社
第十六景	晚秋の大阪	大版城、肥後橋
第十七景	奈良公園の秋色	奈良、三笠山
第十八景	春に霞む京都	橋立、成相寺
第十九景	秋の嚴島	京都、清水寺、愛宕、嵐山
第二十景	雲仙	雲仙
第二一景	阿蘇	阿蘇山、外輪山
第二十二景	霧島	霧島、高千穗
第二十三景	秋の琵琶湖	比良山、琵琶湖
第二十四景	春の日本ライン	木曾川、犬山城、犬山橋
第二十五景	夏の日本アルプス	阿爾卑斯、槍ケ岳、穗高岳、燒岳
第二十六景	日光の秋色	日光、大谷川、神橋、中禪寺、男體山
第二十七景	曉の富士	富士山
第二十八景	伊勢の神域	伊勢神殿、鳥居
第二十九景	大東京の景觀	東京、品川、深川、芝浦

草山觀光館內伊勢大神宮、大雪山及屋島
（圖片來源：著者不詳，《始政四十周年記念臺灣博覽會寫真帖》，大阪：出版者不詳，1936，無頁碼。）

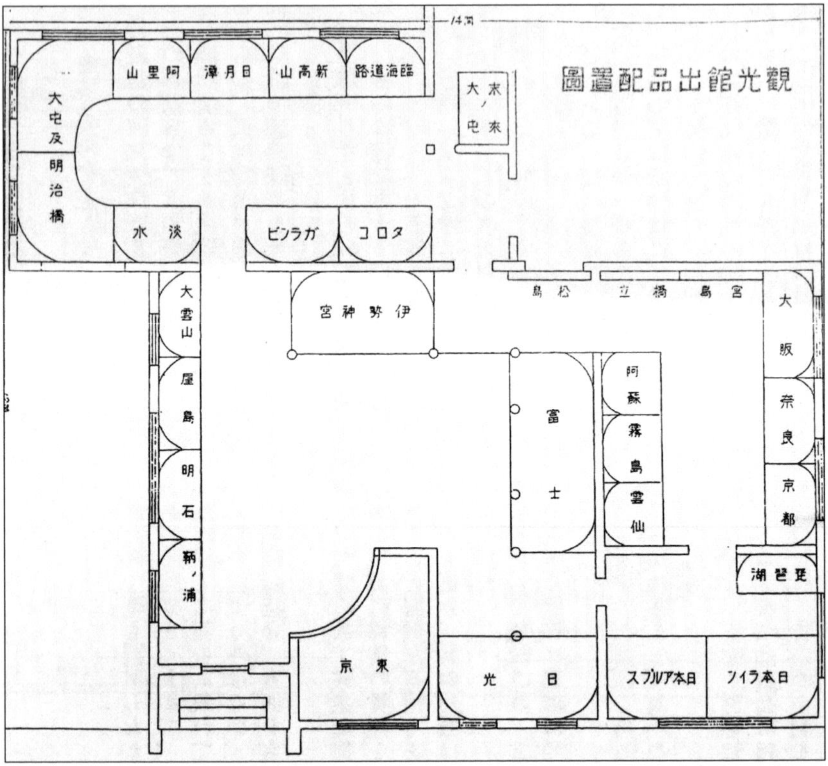

草山觀光館內部配置圖（資料來源：著者不詳，《始政四十周年記念臺灣博覽會寫真帖》，大阪：出版者不詳，1936，無頁碼。）

同時，也由巴バス提供十五輛巴士，每十分鐘發車一次，提供團體觀光客前往草山、北投觀光搭乘之用，從如此頻繁的發車數量，不難想像人群洶湧的狀況。

儘管沒有直接的證據說明所有搭乘大眾交通運輸工具的乘客，都是為了要遊覽臺灣博覽會期間的草山觀光館，但從上述巴士、汽車以及火車多次增加運輸量的角度來看，無疑是想要藉由臺灣博覽會的契機，讓所有來自島內外的民眾一睹溫泉觀光地的風采，更甚者，見證帝國預計建構的大屯國立公園，以及日本帝國統治下另類的「休閒觀光」空間。

中樞：風景好、氣氛佳的黨政集結點

前參謀總長陳誠即將來臺休養，臺省當局已在草山代為備妥住所，又東北剿匪副總司令羅卓英抵臺業已三週，今日前往新竹。

——〈陳誠將軍即赴臺休養〉，
《中央日報》，1948年8月7日，2版

一九四八年年初，長年投身於沙場的陳誠終於敵不住胃酸過多以及十二指腸潰瘍的病況，應聲倒下。消息一出，黨內同志為之譁然，就連遠在海峽另一端的臺灣省主席魏道明和警備總部司令彭孟緝聽到這項消息後，也隨即傳訊表達關切之意，更在信中表示臺灣省政府已選定草山作為休養之地，只供陳誠來臺靜養之用。

面對黨內同志盛情邀約，始終心繫戰局[17]的陳誠仍堅持留守戰場。但陳誠畢竟已上了年紀，戰情緊急的龐大壓力以及永不間斷的策略會議，終究讓這位沙場老將再次倒下，醫官最終只得向陳誠下了最後通牒，要求他應當即刻移往兼顧安全及安靜條件

---

⑰也有一說是因為經濟拮据，付不出旅費而一直拖延臺灣行，最後是蔣介石贈與金圓券一萬元才得以成行。見「布衣上草山—平言日報」，《陳誠副總統文物》（一九四八年十月七日），典藏號：008-010108-00021-007。

的療養地，否則後果將不堪設想。

眼見醫官如此堅持，陳誠只得讓步。待取得蔣介石的首肯，終於在該年年末之前順利抵達臺灣，並在臺灣省政府的安排下，入住草山上的水利局招待所。

「這裡草山是我一見就歡喜的地方！」

面對眼前幽靜的環境，陳誠直呼這是極為適合療養的所在，身心狀況似乎在瞬間獲得了舒緩，欣喜之情完全溢於言表。

無奈，局勢並沒有留給這位老將太多悠閒的時間。就在陳誠住進草山不到三個月，中國內陸的戰情急遽惡化，長江以北的國民黨軍隊幾近潰散，心急如焚的蔣介石再也按耐不住情緒，多次要求陳誠應以大局為重，早些離開草山並著手準備接任臺灣省政府主席的職務。

陳誠終究背離了醫囑。

離開療養所前夕，陳誠若有所思地褪下休養時期穿著的素色長袍，將其工整收入櫥櫃後，便義無反顧地換上歷經無數戎馬的藏青中山裝，駕車駛離草山。

當陳誠再次出現臺灣省政府辦公室，劈頭一句「政治重於軍事」，正式宣告開始執掌臺灣省政府。

重返職掌的陳誠除了致力於臺灣省政，亦不忘留心對岸的國共情勢。在寄送給蔣介石的報告中，多次盛讚臺灣是極為安全且具有戰略考量的地點，同時再三強調唯有積極佈署這塊優良的「後方基地」，才是延續反共抗俄大業的唯一途徑。

為強化遊說力道，陳誠甚至親自飛往南京，當面向蔣介石報告臺灣省政的執行實況。沒想到此次南京會晤之後，陳誠才意識到眼下的中華民國已如風中殘燭般危急，連年的戰事早已讓資源耗損殆盡，無止盡的黨內鬥爭更是讓多數將領意志消沈，若此時中國共產黨大舉進攻，中央政府肯定招架不住。

有了此等意識，陳誠立刻彙整並清點臺灣省政府底下的各處招待會所，同時也要求有關單位加緊腳步進行各建築物的修復作業，就怕稍有不慎會趕不上日後大批的撤退潮。另方面，陳誠也親自選定臺北、草山、大溪、日月潭、高雄、四重溪以及澎湖等地，打算作為日後蔣介石來臺時的臨時駐用所。

撇除澎湖兩處，臺灣島內六個候選名單看似個別獨立，但它們卻又同時是日治時期就被大量開發的區域，在交通、衛生或是治安本就無虞的前期下，各地又帶有相當程度的隱蔽性，不管要當臨時避難所或是蔣介石夫婦的休憩場所都非常適合，而這些地點也成為「蔣公行館」的最初骨幹。

隨著國共和談決裂，戰事衝突再次升級。一九四九年五月上海宣告失守，蔣介石帶著複雜的心情離開中國，抵達臺灣後隨即發了封電報給遠在廣州的國民黨秘書長鄭彥棻，信中很明確地表示幾經多方思索，除了應儘速將黨內重要決策大老遷至臺灣，更要在草山上設置「總裁辦公室」，作為日後中華民國總體決策核心。

總裁辦公室

過不了多久，諸如谷正綱、陳雪屏、張其昀、唐縱、陶希聖、于右任、居正、馬超俊等黨國大老陸續聚集於草山，並住進臺灣省政府為他們配發的新住所。眼見昔日黨內同志紛紛回到了身邊，蔣介石鬱悶的心情終於獲得舒緩，在日記中直呼「這是第三期剿匪戰爭的開始」。

「總裁辦公室」正式運作，象徵草山邁入有別於過往的歷史定位。它不再只是個漂亮的名勝風景地，而是肩負起中華民國反攻任務的中樞地帶。

作為決策核心的「總裁辦公室」，下設「九組一會」，即「設計委員會」和工作性質明確分立的小組。

設計委員會大抵是由大陸時期各派系意見領袖以及親蔣的智慮之士所構成，目的是在進行各項議案討論時，避免不必要的爭論，且能更有效率地提出具體執行辦法；此外，依據各成員專長分別設立「黨務」、「政治」、「經濟財政」、「軍事」，以及「文化宣傳」等六個工作組別，後來又因工作需求，增列「情報」、「警衛」、「總務」等三組。除了每周舉行全體會議一次以外，還會視黨政的實際需求，不定期召開臨時會議或分組會議。

不管過去是黨國大老或是底層黨員，所有成員不分職等一律要住在草山境內，每

總裁辦公室設計委員會各組名單

工作組別	委員姓名	影響
黨務	谷正綱、張道藩、陶希聖、張其昀、蔣經國、余井塘、方治、任卓宣、唐縱、曹聖芬、李士英、譚益民	制訂「本黨改造案」
政治	陶希聖、王世杰、谷正綱、王東原、張道藩、張其昀、雷震、端木愷、蔣經國、余井塘、唐縱、李士英	制訂「統籌全局保衛後方方案」、設置「東南軍政長官公署」、改組臺灣省政府、建議赴香港應進行出入境管制
經濟財政	吳國楨、俞鴻鈞、陶希聖、雷震、王東原、端木愷、谷正綱、陳舜畊、周宏濤、葉實之	編訂「開源節流，緊縮預算，安定經濟，支持戡亂」之提示案
軍事	王東原、俞濟時、唐君鉑、蔣經國、唐縱、吳國楨、沈昌煥、張師、夏功權	協助舉行「東南區軍事會議」、籌議政工改制
外交	王世杰、吳國楨、董顯光、張其昀、胡健中、沈昌煥	協助 1949 年 7 月訪問菲律賓事宜、協助 1949 年 8 月 6 日訪韓國事宜、研究「中美關係白皮書」
文化宣傳	張道藩、董顯光、任卓宣、陶希聖、方治、胡健中、沈昌煥、蔣君章、李士英	

資料來源：整理自唐鎮楚編，《總裁辦公室工作紀要》，臺北：中國國民黨編印，1952，頁 16-18。

日必須在辦公室內的公共食堂集體用餐，為了應付龐大的工作需求，辦公室內員工採取二十四小時不間斷、晝夜輪流值班的模式。到了星期日時不予放假，每月僅可休假四天，但必須在業務清閒時才可提出申請。

看似龐大的組織，但實際上總裁辦公室的人數也不過二十餘人，幾乎三至四人就必須肩負起搜集、解讀、研議策略等繁重作業。這還不打緊，每位成員都必須遵守蔣介石親手訂立的「辦公室人員駐守守則」，「守則內容」則有：

一、嚴守秘密：凡室內大小各事，與各人言行，非得公決或許可者，不得外傳。

二、實行新生活規條：凡見有違反新生活規條，各同志皆應互相規勸，以其徹底改正，全部人員，皆能做新生活之模範。

三、參加本黨小組會議：凡黨員必須遵照小組會議規定到會，並遵行黨章各條規則。

四、詳書履歷：甲、年齡。乙、籍貫。丙、本身三代名號職業與生卒。丁、兄弟名號職業。戊、妻室姓名、原籍、及其外家父母兄弟與姊妹姓氏與現任職務。己、子女名號年齡學業與職務。庚、家庭經濟狀況。辛、學歷與職務及轉學轉職之年月。壬、如願寫志願與自傳者，附于履歷之後。癸、入黨年月地點與黨政號數。

五、須寫日記。

最重要的是，總裁蔣介石為了要快速了解臺灣各地的狀況、拉近與臺灣人士之間的距離，要求所有辦公室內的工作人員應密切與臺灣各界人士接觸，每人至少要認識十位臺籍人士，才算是及格，此等規範是否有被具體落實，目前則不得而知。

革命實踐研究院

在那個黨國一體的時刻，如果說「總裁辦公室」替中國國民黨的黨務發展奠定下最重要的基礎，那麼，替中華民國黨政軍高級幹部重啟思想訓練的機構，無非就是「革命實踐研究院」了。

時間回到一九四九年六月二十四日，蔣介石在前往草山行館的路上有感而發地提出「自強自立之道，莫急於興學養廉」、「欲求革命之成功，當以教育訓練為其根本」的想法，可見當時他就已經萌生要創立專門訓練軍人、政治人物的思想教育訓練機構。

待「總裁辦公室」正式開始辦公後，這個想法也被列為小組研議的重點項目。任務小組歷經多次討論，最終精煉出「革命雪恥學院」、「革命研究院」、「實踐研究院」以及

「傳習學舍」等名稱供蔣介石選擇，可惜這些名稱似乎都無法完整描繪蔣介石心中的期望，最終蔣介石決定統整上述意見，以「革命實踐研究院」來稱呼這個教育機構。

在選址方面，小組原先提出要將革命實踐研究院的院址設立在交通方便且人潮洶湧的淡水，不過，此項議案依然遭到蔣介石否決，最終選擇距離總裁辦公室最近、環境相對幽靜的「草山林間學校」舊址。

或許是為了掃除日治以來臺灣人普遍對草山留有的輕鬆休閒印象，又或許是蔣介石想強化受訓學員對中國文化的認同，「草山林間學校」不僅更名為「陽明山莊」，甚至在建築風格上加入各種中華文化之元素。

除了總體空間更名為「陽明山莊」，革命實踐研究院內部所有建築物也以中國歷史上著名的思想大儒為命名依據。像是曾任外交部部長、監察院院長的錢復就曾提到他

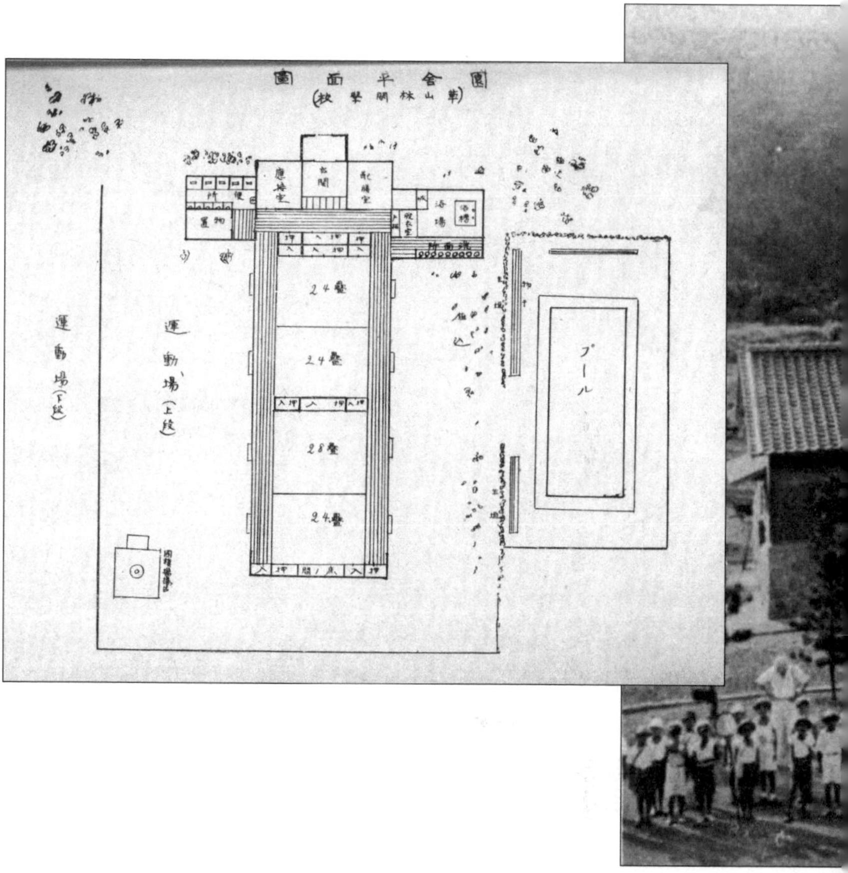

日治時期，臺北市教育會為了替臺北地區身體狀況不理想、營養條件不佳的學童進行調養，便會在暑假期間將其送到位於草山上的臺灣教育會別館，進行為期約兩個星期的課程。由於臺灣教育會別館位處於深山，民間又有「林間學校」或是「夏季學校」之稱。（圖片來源：多喜隆二，《草山夏季學園概況》，臺北：臺北市教育會，1938，無頁碼。）

當年的宿舍「梨洲樓」就是為了紀念明代大儒黃宗羲所命名，而一旁的「舜水樓」則是用來紀念明代大儒朱之瑜。

籌備多時的革命實踐研究院終於正式開學。身為院長的蔣介石也不免俗地對所有學員進行訓示：

> 此次訓練幹部，以恢復其革命精神，喚醒其民族靈魂，提高其政治警覺，加強其戰鬥意志，特別提振其創造生動之活力，養成其公正光明之風度；務使受教之學員，人人能有自立自強，毋妄毋欺之人格，雪恥復仇，殺身成仁之決心。故必須鼓舞其蓬蓬勃勃之朝氣，激勵其沉痛悲哀之情緒，認識其剿匪救民之責任，堅定其革命建國之信心，厚植其自動自治，實踐篤行、貫徹到底之志節，不愧為三民主義國民革命之幹部，是為本院教育之宗旨。（**底線為**

筆者自行增加）

開學一個星期後，蔣介石興沖沖地寫下「本周對研究院工作已如前開始，進行積極，此為九個月來最重要建設工作」，不難發現蔣介石對於革命實踐研究院的重視以及藏於文字背後的厚望。

那麼，實際在裡頭受訓的學員又是怎麼想的呢？

這長達十個月的訓練中，到今天我仍舊懷念那種學習的環境與氣氛。在陽明山莊群山環抱、雲霧裊裊薄暮中，大家清晨六點就起床集合，讀訓、上課、討論；下午則安排一些體育活動，有專人指導打高爾夫球。……晚上除了固定的一兩次晚會或集訓活動外，經常都是分群分批作康樂活動、或天南地北地談天說笑。——徐立德。

受訓十個月期間須住宿在研究院的學員宿舍，每週星期一至星期五上課，星期五下午下課後才能回家，星期日晚上返回宿舍……課程包括每天要自修院長的訓詞，院裡也定期選出特定的題目要學員準備資料，輪流主持討論會。每一期的學員都要寫畢業論文，不同期有不同的重點…。——楊基銓。

武公（萬耀煌，革命實踐研究院創院主任）那年已經是花甲初度，然而精神煥發，每天自晨操、升旗起，武公必先到操場；上課時，武公必隨堂聽講，用膳時三餐與研究員共進同樣之餐飲；晚自修時，武公或巡視研究員分組討論，或接見研究員個別談話，一直到研究員就寢。——潘光健。

革命實踐研究院不僅要訓練出自立自強、剿匪救民的革命幹部，更透過各種學科訓練以及研讀總理（裁）言論集，強化各期受訓學員對於三民主義以及黨的忠貞，以此訓練出一批又一批意志堅定的「反共戰士」。

隨著總裁辦公室、革命實踐研究院以及各地黨政軍組織相繼成立，草山不再只是個舒適的休閒觀光地，而是成為僅次於總統府的政治權力中樞。

為此，如何進行國家元首及各高階官員的維安任務，勢必成為地方政府的一大考驗。也就在這個時候，一個臺灣史上首度出現、名為「管理局」的特殊單位，在草山上成立了……

特區：「管理局」的多重宇宙

民國三十四年臺灣光復，草山環境多年失修，面目全非，過去一切建設，泰半損壞，荒草遍野，舊時風光已不復存在。臺灣省府為建設草山風景區，特設局主其事。

——蔣介石，〈革命實踐研究院軍官訓練團成立之意義〉，一九五〇在中國近現代史的脈絡中，「管理局」的設置多半是用以解決地方政府無法完成的某些特殊任務。其功能多具有建設性、管理性以及階段性等特質，分布的位置大多位處自然資源豐沛的地段，可以說是國民政府在中國大陸時期廣泛設立的特殊組織。⑱

歷經日治時期統治後的草山、北投，因其自然資源和休閒意象聞名全島，待一九三五年被劃入「大屯國立公園預定地」以及建設草山觀光館後，更多了展示大日本帝國統治成效的目的。此等規劃雖因一九三七年陷入戰局而終止，然而「草山北投」的空間

---

⑱中國國民黨統治中國大陸期間計有「廬山管理局」（江西省）、「雞公山管理局」（湖北省）、「南嶽管理局」（湖南省）、「北碚管理局」（四川省）、「陝西黃龍山墾區管理局」、「陝西省漢南水利管理局」以及「陝西涇、渭、黑、梅、褒惠渠灌溉管理局」等管理局設置的紀錄。見張枝榮，《陽明山管理局組織與地位之研究》（臺北：國立政治大學公共行政研究所碩士論文，一九七三），頁二四〇—二五七、二六一—二六二。

意象卻有如無形疆域深植臺灣人心中，甚至成為日後來臺的中華民國政府圈劃特殊行政區的合理藉口。

首見者便是一九四八年臺灣省議會「大屯山管理局設置」的討論。就在眾人議論爭相討論局處定位以及任務目標時，臺北縣政府代表率先援引〈臺灣省縣政府組織規程〉第十四條「各縣為便利推行政令得設置區署，為縣政府之輔助機關。」的規定，展現強烈的爭取企圖。

幾經協調，臺北縣政府可謂大獲全勝。不僅成功將「大屯山管理局」改稱為「大屯山區署」，臺北縣政府更以「建設大屯山風景區暨督導各項行政及地方自治業務起見」為名目取得全部的管理權，並將區署的位址設立於草山上，下轄士林、北投二鎮，並設置區長一人，受臺北縣政府之命綜理全區事務

好景不常，隨著一九四九年底蔣介石以及黨國大老們相繼入駐，各方紛紛要求臺

灣省政府理應基於維安考量，將大屯山區署的管理權責收回府方所有。待徵詢多方意見，臺灣史上首度出現以「管理風景區」、「推行地方自治」的名目，實為進行治安維護的「草山管理局」。

有趣的是，在這個帶有高度政治性考量的變動下，草山管理局和大屯山區署的差異性僅在於直屬管轄機構和組織名稱，像是區署地點設立於草山，管轄範圍包含士林、北投二鎮等細部規則，幾乎大部分保留甚至沿用。

縱使明眼人都可以發現這種「換湯不換藥」的窘境，臺灣省政府仍舊在一九四九年七月頒布「臺灣省草山管理局組織章程」，同時再次對外宣布，草山管理局將會以「建設草山風景區」作為日常業務，同時一肩扛起士林、北投兩鎮內各項行政及地方自治業務的督導作業。

然而，就在蔣介石信誓旦旦地在日記寫下「第三期革命剿匪戰爭開始」後不久，海峽對岸的國民黨軍隊卻已潰不成軍，待中央單位正式撤退來臺後，又傳出蔣介石擔心黨國大老悉數聚集草山一舉淪為有心人士口中「入草為寇」的話柄，相當憂心

據傳地方人士在聽聞蔣總統的顧慮之後，心念總統平時對於地方的照顧，積極發動一場「更名」運動。

一九五〇年，臺北縣參議員周碧、曹賜固以及士林鎮代表委員會主席邱有福、士林鎮長丁雲霖、北投鎮鎮民代表主席洪來福、北投鎮長廖樹等人組成一個「草山改名請願委員會」，共同聯署應該要將「草山」之名改稱為「陽明山」，藉明代大儒王陽明之意象，激發國人的愛國情緒。

眼見地方人士如此熱情，這項議案很快便在臺灣省政府委員會中通過。不到一個月的時間，臺灣省政府再度向全體國人發出公告——因應臺北縣士林鎮所管轄的草山地區正式更名為陽明山，為了避免日後公文往返、資訊傳遞有誤，草山管理局時期

所有冠以「草山」字樣的學校、醫院、警察局，都必須在限期內更名為「陽明山」。自此，「草山」二字不再出現於官方文書之中，僅成為民間口耳相傳的空間記憶。

中國歷史上的聖賢哲人何其多，為什麼獨厚王陽明？這點可從「蔣介石的個人喜好」以及「陽明山莊的歷史意義」兩個角度來進行推論。

從目前眾多研究已經顯示，蔣介石在中國大陸時期即相當崇敬明代大儒王陽明，在歷經對日戰爭、國共內戰後，更是對王陽明所提出的「致良知」、「知行合一」等概念深信不疑，是故，待一九四九年十月圈定革命實踐研究院的院址後，雖然同樣是以明代大儒黃宗羲（梨洲樓）以及朱之瑜（舜水樓）來命名內部建築物，但整體院區的範圍依舊是以「陽明山莊」作為代稱。

無論是單一建物的命名或是整體空間意象的建構，大量的中國符碼不僅要強化受訓學員對於中國聖哲的認識，更在無形的空間中凸顯國家元首對於「知行合一」理念的熱愛。

理解這一層淵源後，不管是撇除「入草為寇」的疑慮，或是引導民眾自行將「草山」更正為「陽明山」，似乎也不是那麼難理解的事情了。

或許是因為更名得相當倉促，甫成立的陽明山管理局不管是在內部組織或是人事權責的分配，大抵都和草山管理局時期的無所差異，就在這個時候，一項未曾解決的行政難題終於讓陽明山管理局找出了它的歷史定位。

一九五〇年中，臺北縣參議會議員謝文程針對長久以來「管理局」的正當性提出質疑。謝文程信誓旦旦的指出，儘管士林、北投二鎮劃歸給草山管理局後，管轄範圍內多處土地及建物的所有權卻依然屬於臺北縣所有，為了避免有心人士遊走於灰色地帶，希望臺灣省政府以及臺灣省參議會儘快將士林以及北投兩鎮的管理權收回臺北縣所有。

消息一出，曾經擔任「草山改名請願委員會」發起人的周碧、曹賜固以及陽明山管理局農會理事長潘光楷連忙發表了一則聯合陳情書，激動地表示士林、北投兩鎮的鎮民在聽聞此項倡議後大多「如有所失，三五成群，各陳議論」，認為省政府當局既然將士林、北投兩鎮劃歸給陽明山管理局，自然有其特別的意義，也希望可以繼續受陽明山管理局所管轄。

在文末的部分，這群地方人士也替自己留了條後路。表示倘若既有的治理制度無法延續，兩鎮鎮民都希望臺灣省政府可以慎重考慮將兩鎮劃入臺北市，換句話說，不願再由臺北縣所管轄。

前後考量後，臺灣省政府最終決定將謝文程參議員的提案駁回，繼續沿襲舊有的治理制度。

但也基於這一次的風波，讓臺灣省政府重新思考陽明山管理局對外宣稱的定位。

首先，為了避免陽明山管理局的管轄權力再度受到質疑，臺灣省政府委員第一八〇次例會即針對陽明山管理局的行政地位以及轄區內土地建物的所有權進行討論，會中決議「由於該局係戡亂期間設置，其土地及建物權屬應歸（臺北）縣有，但在該局存在期間，有管理權及使用權。」另一方面，為了使這項決議獲得法律上的保障，會議中也通過了「戡亂期間臺灣省陽明山管理局設置辦法」以及「臺灣省陽明山管理局與臺北縣政府業務聯繫辦法」。

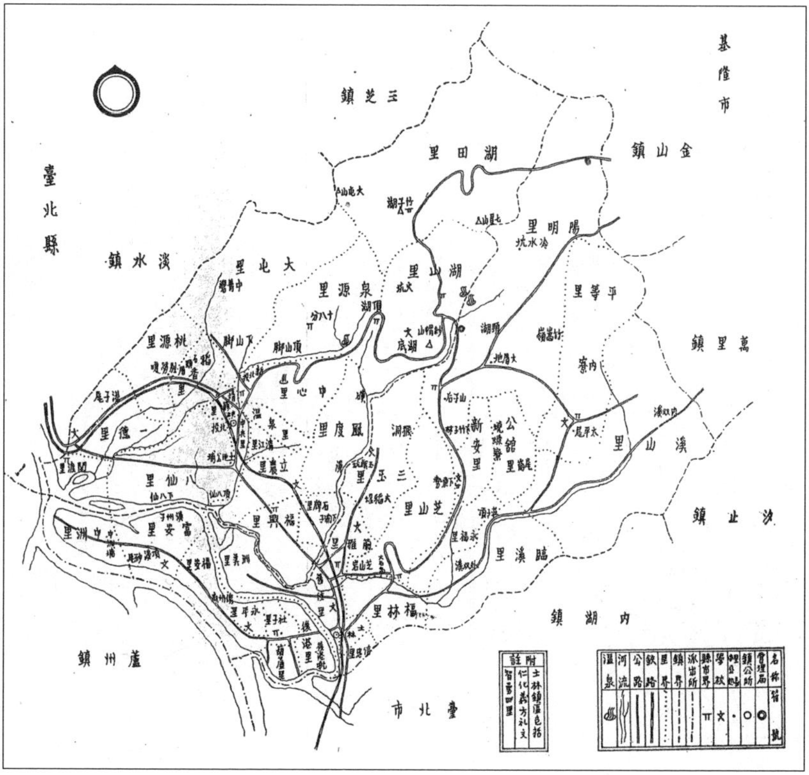

（資料來源：陽明山管理局，《陽明山管理局二年》，臺北：陽明山管理局，1951，無頁碼。）

戡亂期間臺灣省陽明山管理局設置辦法

一　戡亂期間臺灣省政府為維護陽明山風景區內治安暨各項建設，並加強該區內各項行政及地方自治工作起見，特設置陽明山管理局（以下簡稱管理局）。戡亂勝利後管理局即應撤銷。

二　管理局直接受臺灣省政府監督指揮，辦理省委辦事項，並監督該轄區內地方自治事項。

三　管理局管轄區域為臺北縣之士林、北投兩鎮，但其行政區域仍屬於臺北縣（如士林鎮仍稱為臺北縣士林鎮）。

四　管理局在設置期間內，臺北縣應將士林、北投兩鎮地方行政暨自治業務移由該局接管。

五　管理局處理地方行政程序與縣政府同，省級機關通飭各縣市政府案件，同時應飭知該局。

六　管理局組織編制另訂之。

七　管理局經費由該局依法自籌支應，不敷時得請省政府補助之。

八　管理局印信由省政府頒發之。

九　管理局與臺北縣政府業務聯繫辦法另訂之。

一〇　本辦法自公布日施行，並呈報行政院備案。

（底線為筆者自行增加）

另一方面，「陽管局與北縣聯繫辦法」則以法令清楚地劃分陽明山管理局與臺北縣政府的權責關係。茲列舉該辦法如下：

臺灣省陽明山管理局與臺北縣政府業務聯繫辦法

一　本辦法依戡亂期間臺灣省陽明山管理局設置辦法第九條之規定訂之。

二　陽明山管理局（以下簡稱管理局）與臺北縣政府業務聯繫事宜，除法令別有規定外，依本辦法辦理。

三　管理局轄區內地方自治及上級機關委辦事項，均由該局辦理。

四　管理局辦理地方行政事務，其職權與縣政府同。

五　管理局轄區內除附屬機關（如警察所、衛生院）外，其餘機關團體學校名稱，仍冠以臺北縣之名（如士林鎮公所仍稱為臺北縣士林鎮公所）。

六　管理局施政計畫除省政府另有指示外，應依據臺北縣政府施政計劃編訂。

七　管理局所屬附屬機關學校員額編制及人事管理，均由該局辦理。

八　管理局轄區內地方自治規章，不得與臺北縣議會通過之單行規章牴觸。

九　管理局轄區內里鄰編組暨戶籍統計與查定各項稅捐總額，應每月抄錄副本送臺北縣政府參考。

一〇　管理局轄區內鄉鎮村里鄰長及鄉鎮民代表選舉事務，暨舉行村里民大會、鄉鎮代表會事宜，由該局依法辦理，但應將辦理情形暨有關資料抄錄副本送臺北縣政府參考。

一一　管理局轄區內有關省參議員及縣議員之選舉事務，仍由臺北縣政府辦理。

一二　管理局於臺北縣議會開會時，應派員列席報告暨答覆詢問。

一三　理局轄區內臺北縣之公產，由該局接管使用，但產權仍屬於臺北縣政府。

一四　管理局轄區內之臺北縣公營事業，仍歸臺北縣政府經營。

一五　本辦法自公布日施行。

（底線為筆者自行增加）

雖說「戡亂期間陽明山管理局設置辦法」延續「臺北縣政府大屯山區署組織規程」、「臺灣省草山管理局組織章程」一再強調的「維護風景區」、「加強地方自治工作」等業務，但是首條「戡亂勝利後管理局即應撤銷」的文字，在在顯示陽明山管理局在「戡亂時期」的特殊位階，也證實陽明山管理局在「戡亂時期」的臨時性質。

可以推論的是，刻意要把陽明山管理局和「戡亂時期」進行聯結的原因之一，除了因應戰後初期國民政府的戡亂國策，最主要的目的，還是要解決自草山管理局時期就存在的，管理局與臺北縣政府之間職權不明的窘境。

在陽明山管理局的建設之下，確實延續了日治時期以來草山、北投的休閒觀光氛圍，甚至除了既有的黨、政、軍招待所以外，每當遇到僑生歸國、獲選模範農（工）友頒獎、支持政府政策者，大多被安排到陽明山觀光，陽明山管理局也都會派專員迎接、招待導覽，宣傳意味相當濃烈。

陽明山管理局歷任局長簡歷

姓名	籍貫	任職單位	相關經歷
施季言	江蘇省海門市	臺灣省草山管理局（1949.07-1950.04） 臺灣省陽明山管理局（1950.04-1952.07）	三民主義青年團中央幹部學校教授兼總務長、東吳大學董事長及代理校長、大同育幼院院長、嘉陽高級工商學校校長、惇敘中學創辦人
陳保泰	浙江省諸暨市	臺灣省陽明山管理局（1952.08-1955.07）	上海市政府社會局長、高雄市長、臺灣省政府漁業管理處長、復旦中學董事
周象賢	浙江省定海市	臺灣省陽明山管理局（1955.07-1960.10）	廬山管理局局長、浙江省水利局長、杭州市長、南洋兄弟煙草公司董事

姓名	籍貫	任職單位	相關經歷
郭大同	安徽省合肥市	臺灣省陽明山管理局（1961.03-1963.11）	軍事委員會慰問組上校、聯合勤務司令部國外物資接收處理委員會上校主任秘書、日月潭整理委員會、臺灣省政府參議、臺北縣第三屆省議員選舉委員
潘其武	福建省長樂市	臺灣省陽明山管理局（1963.12.01-1968.06.30）臺北市陽明山管理局（1968.07-1972.01）	海軍第二艦隊司令部書記官、軍事委員會調查統計局上校秘書、中央警察學校、中美特種技術合作所幕僚長、內政部警察總署處長、國防部保密局主任秘書、國家安全局副局長、國防會議研究委員
金仲原	浙江省東陽市	臺北市陽明山管理局（1972.02-1977.01）	裝甲兵司令部少將參謀長、總統府侍衛室副侍衛長、臺北市政府參事、臺北市陽明山管理處長

資料來源：筆者自行整理。

而為了展示陽明山的現代進步樣貌，陽明山管理局也致力於陽明山、北投的道路修復以及風景區設施的修建，例如極力整頓中正公園、後山公園以及北投公園的燈光照明設施，栽植北投士林行道樹、路牌添設等等，都是企圖要將陽明山建設成一個享譽中外的「世界樂園」。

在建設「風景區」之餘，陽明山管理局最重要的任務還是要確保國家元首及黨國大老的身家安全。

因此，管理局局長一職的選擇便相當重要。雖說根據規定，管理局長一職是由臺灣省政府所指派，但從歷任管理局局長的經歷來看，卻也可以看出任用原則的流變。例如施季言、陳保泰以及周象賢皆具有大陸時期行政機關的經驗，對於打造「世界樂園」，都是一時之選。在周象賢因病辭職獲准，臺灣省政府擬由郭大同接任陽明山管理局長一職之後，則轉變為具有軍方甚至特務經驗者為主，第五任陽明山管理局長潘其武甚至具有保密局、國家安全局等情報體系的經驗，金仲原則是在擔任總統府侍衛室副侍衛長之後接任陽明山管理局長一職。

另一方面，便是警政系統與地方黨部的串連。

自從一九五〇年陽明山地區開始實施警勤區制後，士林、北投以及陽明山分駐所的轄區為單位，依照各管區內的人口、面積、自治區域情形及社會狀況等劃分出六十個大小不等的警勤範圍。也因為陽明山地區的特殊地位，臺灣省政府警務處刑警總隊配屬一隊刑事警察予陽明山管理局，派遣刑警於各重要據點，嚴密的警察監控網於是成立。

以治安考量為主的警政系統一旦建立，接下來就是要利用地方黨部向民眾宣導反共抗俄的使命。為此，中國國民黨陽明山特區黨部特別選在熱鬧的新北投中山路一號，創立初始，包含陽明山管理局局長施季言在內一共九人擔任執行委員，開始推動陽明山地區內的黨務作業，陽明山地區的保防、民眾組訓作業也就在黨、警、管理局的相互協力下，開始進行。

在陽明山管理局成立二週年紀念大會中，時任局長的施季言曾經信誓旦旦地表示要將陽明山打造成三民主義在臺建設的「示範地區」，就歷史的後見之明，陽明山管理局不管是在治安監控、自然景觀維護著實下了不少功夫，也逐步成為國家權力的展演空間。

一九五〇年韓戰爆發後，陽明山再一次有了不同的定位……

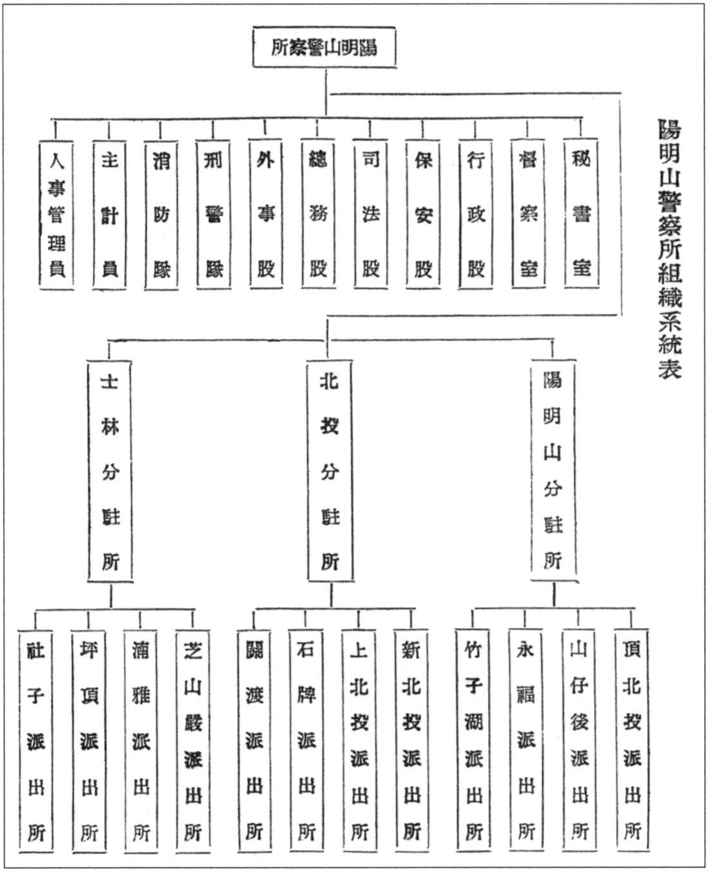

（資料來源：陽明山管理局，《陽明山管理局二年》，臺北：陽明山管理局，1951，無頁碼。）

第四章

駐滿各國勢力的陽明山

白團：過往的敵人，現今的教官

但是也許有人會說，日本同我們經過八年戰爭，過去他們侵略我們，做過我們的敵人，現在我們打了勝仗，還要請他們來當教官，教訓我們，實在使人不能悅服。大家是不是也有這種觀念呢？如果也有這種觀念，那就是一種極大的錯誤。

——蔣介石，〈革命實踐研究院軍官訓練團成立之意義〉，1950

一九五〇年五月二十一日晚間八點，距離革命實踐研究院軍官訓練團（圓山軍官訓練團）正式開學剩下不到十二個小時。

只見蔣介石精神抖擻地站上了講臺，清了清喉嚨，向臺下數十名即將接受訓練的陸海空三軍中階幹部進行講訓。而今天的主題便是解說軍官訓練團成立和訓練的目的。

身為軍人，底下眾官兵理當習慣於蔣介石的宣講模式，但眾人的內心始終處於困惑之中，「究竟陪侍於團長身邊那一位位日本籍人士是誰？」、「作為中日戰爭的始作俑者、八年抗戰的手下敗將，何以可以站在臺上？」

或許感受到現場氣氛變得詭譎，待蔣介石解析完過去以西方教官為主的訓練模式如何失敗後，馬上進行「聘請外籍教官以及我們對外籍教官認識的必要」以及「日本軍事訓練的優良和軍人視死如歸的武士道精神」兩大課題的演講。

首先，蔣介石大大地讚揚了日本的軍事能力與社會文化。他表示「以往東方各國中，要算日本的軍事進步最快，而且文化社會與我們相同，尤其是他們刻苦耐勞、勤儉樸實的生活習慣，與我國完全相同，所以這次決定請日本教官來訓練你們，我相信一定能夠糾正你們過去的毛病……」

話鋒一轉，向來自詡為「總理信徒」的蔣介石則開始闡述起一九二四年孫文提出「大亞洲主義」的時代脈絡。

「他（孫文）始終認為我們中國革命，只有日本才可以真正幫助我們……」

演講的最後，蔣介石語重心長的強調「當前國際上沒有真正幫助我們的國家」，而身旁這群日本教官則選擇在中華民國最危急的時刻，不憂國際評價、不畏跋涉艱辛地來替國軍將領進行各項訓練。他要求學員們不論在生活上、行動上甚至是心理上，都應該要遵循尊師重道的美德，接受他們的訓練，共同完成「消滅赤匪」、「驅逐俄寇」的反攻大業。

儘管蔣介石從黨內歷史、國際情勢等角度來說明這群日本教官出現的意義，也再三告誡底下的官兵們要以禮相待，但蔣介石終究沒有向底下的官兵們解釋這群日籍將領來臺的真正原因。

一切的故事要從「岡村寧次」這號人物開始說起。

二次大戰結束後，被視為日本頭號戰犯的岡村寧次被捕入獄。當時幾乎半數以上的人認為岡村寧次應該為中國戰區的死傷結果負上最大的責任，殊不知蔣介石卻獨排眾議，先是拒絕眾人要將其處死的要求，隨後安排日本東京駐日代表團第一組（軍事組）組長曹士澂在各級單位間穿針引線、進行遊說。

一九四八年底，國防部、司法部、外交部等重要幹部聚集討論應對之策。曹士澂率先提出「中國共產黨與企圖利用岡村寧次提升人民對於國民政府的不滿」、「岡村寧次一向堅持反共立場，若將其處死，正好稱了中共的意」、「不管是軍事上或是政治上，都應判其無罪」等說詞，企圖以其堅決反共的形象以及當下國際情勢等理由說服眾人，最終在蔣介石的裁決下，岡村寧次免除死刑。

若與當時國民政府正積極地進行剿匪戡亂的時空脈絡進行聯結，不難想像此次岡村寧次的判決中確實帶有著強烈的政治動機，甚至，還帶了點政治考量。

待岡村寧次返回日本後，曹士澂馬上接獲「利用日本顧問協助建軍，再創軍事制度」以及「與日本軍方各界聯絡，尋求日方所藏匿的武器及探詢各種有助於國民政府的機會」等指示。

具體而言，前者是要借助日籍軍官的軍事才能，協助國軍軍事訓練、優化既有軍事制度，甚至在必要時實際指導國軍軍隊登陸作戰；後者則是希望連結日本舊有的反共勢力，召集一批義勇兵團來臺協助反共事業。

等待許久，蔣介石終於接到曹士澂的報告。在岡村和曹這兩位奉蔣介石之命穿梭於兩地之間的說客說詞裡，進行日本軍官選拔時，不僅要審慎注意該員是否具備年輕、體格健壯等條件，再加上蔣介石希望這群日本軍官可以指導中華民國軍官的作戰技巧、扮演好指導角色之故，所有錄取者務必要擁有日本陸軍士官學校的畢業身份。

當然，最重要的還是要擁有一顆堅強的反共意志。

沒想到隔沒多久，美國的杜魯門政府就在八月初發表了《中國白皮書》。在多達一千一百多頁的字句裡，盡是對於蔣介石政權的批判與不信任，也等同宣布美國將暫停所有對於中華民國軍隊的協助。

眼見多年的盟友竟在中華民國危急存亡之際拋出這顆震撼彈，氣急敗壞的蔣介石想要建立一批可自主使用的反共軍團的渴望也越發明顯。

對蔣介石而言，中華民國理當扮演起東亞地區反共領頭羊的角色。既然如此，就要儘速從臺灣、日本兩地的軍人裡頭挑選出一萬名堅決反共、果敢有為的青年，待進行完基礎訓練後，以這批混合編成的軍團為基礎，逐次擴大為數十萬的反共骨幹兵團。

至於日本兵員的募集，則應協請日本復員局（舊陸軍部）底下的秘密組織幫助，目標是徵募一千名日籍義勇兵。為了讓這群義勇兵無後顧之憂，中華民國甚至願意給付每個月三十元美金的津貼，如果不幸因公殉職，甚至會給予三百元美金的慰問金，可以說是相當優渥的條件。

雖說局勢如此艱鉅，但透過曹士澂上呈給蔣介石的另一封公文，可以發現在一九五〇年代初期，日本復員局仍舊從五百人中汰選出二十五名符合一、體壯優秀，二、陸大畢業，三、有作戰經驗，四、正派而有人格，五、有堅定反共意志等五項要素的人；更在航行於臺、日之間有著「運蕉船」之稱的「鐵橋輪」的掩護下，將一批又一批白團成員隱身在一整船黃澄澄的芎蕉裡頭，先是從神戶登船，經由香港稍作轉運後，最終於基隆港登岸後，便直驅位於北投的宿舍。

於此同時，也曾經發生過好幾次差點「穿幫」的驚悚事跡。

最有趣的例子當數化名為「范健」的砲兵大佐本鄉健。當時本鄉健正在進行削洋芋的勤務，突然有數名日本警察登船臨檢，無處可躲的他只好順手拿起廚師服，閉口不言才蒙混過關。一旁的「曹士進」（步兵中佐內藤進）可沒那麼幸運，眼見警察就快要查到自己這邊來，情急之下只得鑽進船底的煤炭之中，頓時成為黑人一名，待警察離去後，眾人才如釋重負，相視大笑。可驚悚還沒結束，就在一行人準備在香港登岸時，又碰巧遇到香港警察的擴大臨檢，船員們都必須依序面對臨檢人員的詢答。就在所有白團的成員們都覺得大勢已去之時，卻見不諳中文的本鄉健靠著「沒有關係」四字就矇騙過關，眾人這才鬆了一口氣。甚至連來到臺灣後，為了不要暴露自己是日本人的身份，除了勤學中文以外，一旦出現在軍事活動以外的公眾場合，眾人往往閉口不語，有次吃飯時甚至被臺灣民眾誤認為是啞巴團，令人啼笑皆非。

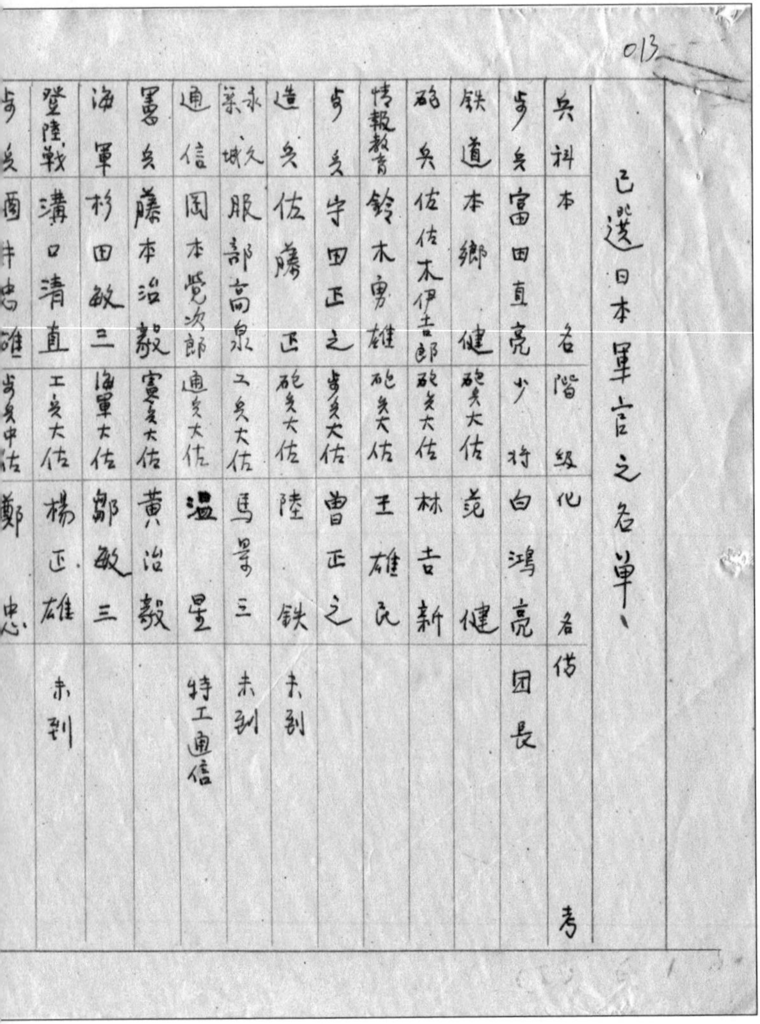

013

已選日本軍官之名單

兵科	本名	階級	化名	備考
步兵	富田直亮	少將	白鴻亮	團長
鐵道	本鄉健	砲兵大佐	范健	
砲兵	佐佐木伊吉郎	砲兵大佐	林吉新	
情報教育	鈴木勇雄	砲兵大佐	王雄民	
步兵	守田正之	步兵大佐	曾正之	
造兵	佐藤正	砲兵大佐	陸鉄	未到
築城	服部高泉	工兵大佐	馬景三	未到
通信	岡本覺次郎	通兵大佐	溫星	特工通信
憲兵	藤本治毅	憲兵大佐	黃治毅	
海軍	杉田敏三	海軍大佐	鄧敏三	
登陸戰	溝口清直	工兵大佐	楊正雄	未到
步兵	酒井忠雄	步兵中佐	鄭忠	

航」；航空專長的中佐山口盛義叫做「雷振宇」；以及海軍砲術教練今井秋次郎為「鮑必中」等。（資料來源：〈對日本外交（三）〉，《蔣中正總統文物》，國史館藏，數位典藏號：002-080106-00066-013。）

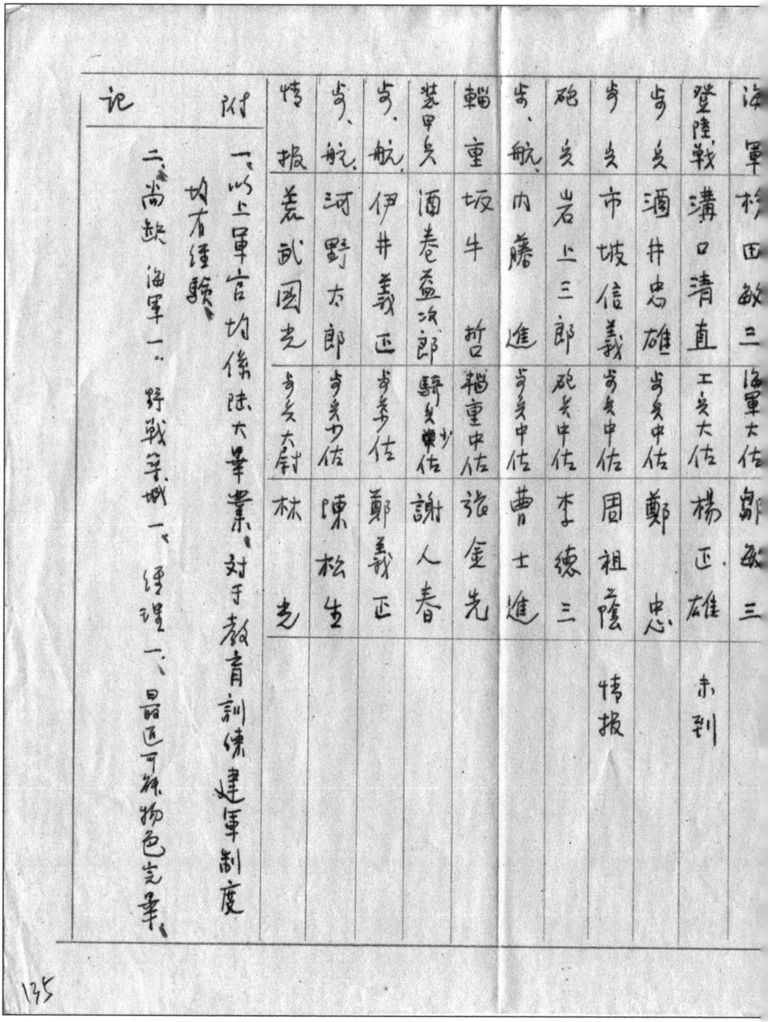

海軍	登陸戦	歩兵	歩兵	砲兵	歩、航	輜重	裝甲兵	歩、航	歩、航	情報
杉田敏三	溝口清直	酒井忠雄	市坡信義	岩上三郎	內藤進	坂牛哲	酒巻益次郎	伊井義正	河野太郎	美武國光
海軍大佐	工兵大佐	歩兵中佐	歩兵中佐	砲兵中佐	歩兵中佐	輜重中佐	騎兵少佐	歩兵少佐	歩兵少佐	歩兵大尉
鄒敏三	楊正雄	鄭忠	周祖蔭	李德三	曹士進	張金先	謝人春	鄭義正	陳松生	林光
	未到		情報							

附記

一、以上軍官均係陸大畢業，对于教育訓練建軍制度均有經驗。

二、尚缺海軍一、野戰築城一、經理一，最近可能物色完畢。

135

從上述資料中，不難看出每位白團成員都有其專屬的漢字化名。根據時人回憶，白團化名的原則是以原名中的漢字、諧字，再參考中國姓氏而定。除了白鴻亮以外，部分成員姓名也別有寓意，例如海軍少將山本親雄就採用海軍元帥的「帥」字為姓；精通航海術的中佐土肥一夫稱為「屠遠一九五〇年五月，隨著白團成員接連到來，「圓山軍官訓練班」（後更名為圓山軍官訓練團）正式成立，蔣介石在日記裡寫下「軍官訓練團已開學，甚望其能樹立中日合作之基業」，重視之情，可見一班。

為了與專職訓練黨、政菁英為主的革命實踐研究院有所區別，圓山軍官訓練團是由蔣介石擔任團長彭孟緝為教育長、白鴻亮為總教官的軍事訓練機構，主要任務是針對中華民國國軍進行軍事教育與訓練的事宜，同時也替蔣介石策劃種種軍事計畫。

不論當時是參加以部分少校、以上、中、少尉為主的「普通班」，或是上校、少將以上階級的「高級班」，參與的學員們在每日朝會時，首要之務便是宣讀蔣總統言論及相關訓示。透過時人的說法是「強化對黨國與領袖的忠誠，增進精神團結，使各級受訓之軍官，均能獲得精神與學術的雙重教育」。有趣的是，貴為軍官團團長的蔣介石，除了定期前往探視學員外，只要有閒暇空閒之時，不時也會參與軍官訓練團的課程，有時候甚至會當個認真的學生，坐在教室的後頭聆聽臺上日本教官的授課內容。

每當各期幹部開學、結業之時，蔣介石也會排除萬難出席，幾乎每次都會提示學員「反共抗俄」的基本要件以及歷史典故，講到忘情之時，多半會以中國時期黃埔軍校成功北伐、盧山訓練團成功殲滅江西一帶共匪的經驗，鼓勵學員應該要理解陽明山在「復甦中國魂」、「發揚軍人救國之道」的歷史意義。

正因蔣介石對於受訓成果有著高度期待，一九五〇年十一月時便親筆指示時任國防部參謀總長的周至柔在進行部隊人事調整時，應當將革命實踐研究院及其圓山軍官訓練團各期學員的成績優劣作一總檢討，分別等級列表呈報，並做為今後人事升降調遷之主要依據。一九五一年更進一步要求「各廳署及陸海空軍各總部各級人員，皆應就其與業務有關者加以研究，並於人事考績項目增列進修成績一項，內應以此作為考績標準之一為要」。

可以這麼說，倘若接受過圓山軍官訓練團的洗禮，似乎也成為日後官運亨通的保證。無怪乎曾經服務於「總裁辦公室」、後來又擔任《中央日報》社長的曹聖芬如此形容「革命的洪爐，所有的礦砂廢鐵，經過了草（陽明）山的鍛鍊，變成了純鋼」，也進一步指出中國大陸時期與當今臺灣的最大差異是在於軍人的訓練，其中又以廢棄過往的形式主義，著重於運作的實踐工作為甚。甚至誇口「中國後期的革命運動，就從陽明山開始」。

總的來說，一九五〇年代初期國民黨政府企圖將陽明山地區塑造為「革命洪爐」、「反共抗俄中心」的意象，並不僅是選擇性地將白團服務的圓山軍官訓練團和革命實踐研究院院址放置在陽明山地區，陽明山地區的反共意象，也正是建立在蔣介石「運用日人」的反共思維，不時還援引大陸時期各地成功的經驗，進而合理化陽明山地區做為「第三期革命剿匪戰爭開始」的歷史意義。

只不過，中華民國「第三期革命剿匪戰爭」都還沒正式啟動，發生在北緯三十八度線的軍事行動，卻再度改變了臺灣的局勢……

美軍：不只是協防，還有文化上的衝擊

一旦美國和蘇聯之間的戰爭爆發，臺灣島之於美國的軍事戰略價值，就宛如一艘「永不沉沒的海上航空母艦」。臺灣處於極佳的戰略地理位置，這將有利於美方在亞太地區牽制蘇聯繼續擴張，並使得美軍的遠東指揮部前線發揮極大作用。

——麥克阿瑟

一九五〇年三月中，一封來自韓國大使館的密函緊急送進了總統府。駐韓大使邵毓麟指出，南北韓邊境早已佈滿北韓游擊隊，再加上無間斷的資訊宣傳戰術，由民主陣營所支持的大韓民國岌岌可危。話鋒一轉，邵毓麟力薦蔣介石在此關鍵時刻置入特務人員。

「設法秘密策動南北韓衝突，促使情勢緊張，改變美國政策，以至提前美蘇關係之整個轉變……此事關係我反共抗蘇前途至大。」

簡單數句話，卻是中華民國重生的機會。

目前尚未有資料顯示蔣介石是否授權，又或者這項策略是否確實執行，但在三個月後，朝鮮人民軍終究在北韓領導人金日成的一聲令下，強行駛過了北緯三十八度線，甚至在三日之內，一舉攻陷了南韓首都漢城。

面對這場地域性的衝突，當時世界各大媒體爭相報導每日進展，同時拋出眾人的隱憂——第三次世界大戰的引信，是否就此點燃？

從歷史的後見之明，「韓戰」確實沒有引發全球性的武力戰爭，但細觀這場發生於一九五〇年代東北亞地域的戰爭，卻深刻地帶出冷戰時期各國都必須面對的抉擇——在美、蘇共築的軍事政治競逐遊戲中，究竟是要揮舞著民主的旗幟，還是要成為共產思想的追隨者？

對始終期待將國共內戰「國際化」的蔣介石而言，不論是要派出特務在敏感地段造成軍事對立；或是大量啟用具有歐美各國學經歷的政府官員[19]，強調身為自由陣營的一員，絕對是鞏固中華民國統治臺灣正當性的一帖良方。

就在韓戰爆發後不久，美國總統杜魯門以杜絕共產勢力在亞太地區擴張為由，一改過去「塵埃落定政策」的消極態度，迅速發表著名的「臺灣海峽中立化宣言」，除了派遣美國第七艦隊巡弋臺灣海峽，進行實質上的軍事協防外，亦在國會通過各項軍事以及經濟援助案。

協防臺灣海峽的代價，是中華民國政府必須承諾終止各項「反攻大陸」的作為。回想起國共內戰期間馬歇爾來華調停失敗的慘痛經驗，蔣介石聽聞美國重啟這種濃厚「限制型條款」的援華政策時，心中蓄積多時的憤慨，悉數反映在日記裡頭。

在該週的日記裡，蔣介石不只一次痛罵杜魯門政府視中華民國主權如無物，甚至

⑲例如重用普林斯頓大學博士、富有「人民導師」之稱的吳國禎為臺灣省主席，或是任命維吉尼亞軍事學院畢業的孫立人為陸軍總司令，都是在一九五〇年代蔣介石企圖向美國展示友善態度的人事任命案。

還以「視我如一殖民地之不弱，痛辱盍極」、「何上帝必欲生此壞蛋，而苦我中國一至於此耶」等字句來抨擊美國各項政治干涉。

身處於風雨飄搖之勢的蔣介石，終究選擇向現實低頭。不僅接受了美方「臺海中立化」要求，也暫時停止對中國大陸一切軍事行為；但在同一時間，蔣介石卻又指示孫立人儘速編成國軍精兵遠赴韓戰現場，希望能以反共戰事為名，重返自由陣營以及國際舞臺。

沒想到消息一出，再度引來各方的輿論抨擊。

首先是英國，基於承認中華人民共和國為中國唯一代表的立場，老早就對美國派遣第七艦隊協防臺灣之舉感到不以為然，倘若美國再斷然同意將中華民國軍隊投入韓戰，北韓政府勢必會力促中華人民共和國參與戰事，如此一來，不僅會造成盟國之間的意見歧異，甚至還有可能擴大韓戰的破壞範圍，並無限期的延長戰爭時間。

美國內部也同樣意見分歧。據說杜魯門總統在聽到蔣介石願意派遣精兵協助韓戰局勢時，最初是感到欣喜萬分，認為不費吹灰之力即可獲得人力奧援，然而，包含國務院、國防部與參謀首長聯席會議都一致反對讓中華民國軍隊參與韓戰，表示一旦讓中華民國軍隊參與韓戰，勢必讓史達林政權有藉口要求中華人民共和國軍隊齊力協防北韓，蔣介石的佈局無疑是將中國「內戰」的場域擴及韓國境內，將嚴重抵觸美國在東亞的戰略利益。

就在眾人不看好、甚至明顯帶有反對意見時，麥克阿瑟卻獨排眾議，大表支持蔣介石政權的決定，甚至還排定行程，親自到臺灣和蔣介石進行會晤。

有趣的是，儘管多次公開表示支持蔣介石，但考量國際社會的流言蜚語，麥克阿瑟在赴約前仍特別叮嚀中華民國政府切勿設宴款待，甚至拒絕任何公開儀式。盛夏時節的臺灣氣候極其炎熱，中華民國政府為了款待這位重量級嘉賓，最終圈選出風景美麗、氣候宜人的陽明山，作為麥克阿瑟一行人的參訪、下榻的地點。

一九五〇年七月三十一日，麥克阿瑟以及隨行的高階將領約十二人從東京飛抵臺灣，儘管當天天候不佳，導致飛機整整延誤了一個多小時，但麥克阿瑟步出飛機時，蔣介石夫婦仍舊率領政府高層熱情接待，眾人寒暄幾句後便驅車駛往陽明山，並針對對日合約、對韓共同作戰意見以及中美聯合參謀團等議題進行意見交流。

就在麥克阿瑟旋風離臺的隔天，蔣介石隨即發表公開聲明：

> 麥克阿瑟元帥此次率其高級幕僚，於我們堅苦反共抗俄之際，蒞臨臺北，我全體軍民，實引為感奮。在過去二日內，吾人與麥帥舉行之歷次會議中，對於有關各項問題，已獲得一致之意見，<u>期間關於共同保衛臺灣與中美軍事合作之基礎</u>，已告奠定。**（底線為筆者自行增加）**

暫且不論麥克阿瑟此趟臺灣行究竟和蔣介石取得多少共識，或是承諾給予中華民國政府多少軍事上的奧援，光是從麥克阿瑟現身於陽明山的這項舉措，就足以讓長期處於士氣低迷的黨政高層雀躍不已。

不久，美國國防部正式宣布派遣軍事援華顧問團至臺灣。駐美大使顧維鈞在確認消息無誤後隨即從華盛頓派發電報，表示首批美軍顧問團將會以蔡斯（William C. Chase）為團長，預計在五月初抵達臺灣。有別於過往的美軍調查團，美軍顧問團的主要工作包含軍事諮詢、協助軍隊各項訓練及指導事宜，同時也會確保中華民國國軍正確使用與保存新式武器的方法。

此項消息傳出後，馬上成為國內外媒體爭相報導的題材。像日本的《讀賣新聞》就稱最初抵達臺灣的美軍將校團員約有一百五十名，而全部團員將超過三百名，該團將為臺灣的局勢帶來全新的變革；而素來被視為黨報性質的《中央日報》亦不遑多讓，先是以整個頭版版面報導這項消息，為了讓閱讀者更了解蔡斯其人其事，編輯還相當貼心地準備了近五百字的〈蔡斯少將略歷〉，從蔡斯將軍的畢業學校、曾經參與的反共戰爭以及各項軍事殊榮等，盡數寫出。

反觀蔣介石，縱使迎來美國大陣仗的協助，過往的經驗卻又讓他再次顯露出對於美國政府的不信任。直言就算聽聞美國終於願意以官方立場派任軍事顧問團來臺協助的公文，依然「內心實無所動也」。

為此，蔣介石還在日記中寫下「我方應注意事項」，作為面對未來的方針：

一、對（孫）立人應否愷切警告，毋依賴，毋驕矜，勿作挾外自重。

二、通告各主管不作越分，親外自賤，以能交換外人自豪，應要自力更生。

三、我國傳統習慣最鄙視重外輕內，以夷亂華，而軍人尤應自重。

四、惟以精誠待人，本合作互助之精神，不亢不卑，互尊互敬，勿予人以排外傲慢之影象。

五、要在運用顧問，而不為顧問所用；要能自身研究，切實學習，先求自身學識見解予以平等，而後才得見重於人，求得平等也。**（底線為筆者自行增加）**

五月一日，蔡斯與十二名隨行的美軍顧問團團員聲勢浩大地抵達松山機場。現場除了由美國駐華代表藍欽接待以外，參謀總長周至柔以及黨政高階將領盡數出席，場面相當盛大。午後，一行人浩浩蕩蕩地來到了美國大使館，稍作休息後即召開中外記者會，雖然一度因為某位記者問到「是否支持中國國軍反攻大陸」一題而讓現場稍顯尷尬外，整體而言，蔡斯幾乎有問必答。當天晚上在臺北賓館的恭迎宴會，更只能以冠蓋雲集來形容。

蔡斯與蔣介石兩人的世紀會面終於在隔天展開。有別於其他國際嘉賓，兩人的互動卻顯得異常「客氣」。待相互寒暄後，蔡斯徐徐地向蔣介石重申美軍顧問團的主要任務在於襄助訓練國軍維護及運用美援武器裝備，也一再強調絕對不會干涉國軍的指揮系統，然而當被問及來臺的顧問團總人數為何，蔡斯僅表示需要再行調查與評估。

美軍顧問團在接下來的日子裡確實替中華民國國軍提供相當完善的軍事訓練方針，也致力於改變國軍的「體質」，然而隨著各地考察成果報告陸續彙整到蔡斯的辦公桌前，蔣介石最不願意被美國政府知道的秘密也接二連三的爆發。

這裡說的自然是白團。

面對這批由蔣介石一手策劃、終極目標是要協助反攻復國大業的日籍教官，蔡斯不只一次向黨政高層表明美軍顧問團的立場——既然中華民國已經接受美國各項軍事援助，豈還有任用其他國籍教官的道理？

這個議題不斷出現在各項軍事會議裡頭，蔡斯的言論也日漸嚴厲。像是直言要徵用白團使用的圓山軍官訓練團團址作為美軍的辦公室地點，或是提出日後白團所有教育訓練計畫應全數由美軍主導的要求，來臺後一個月的總報告中，蔡斯甚至直接向蔣介石表示堅決反對繼續聘用日籍教官。

面對此項要求，蔣介石僅表示因為美軍顧問團並沒有事先在議程中列入此項議案，當下是不便接受的。但同時向蔡斯保證，白團訓練國軍之事，絕對不會妨礙到美軍顧問團對臺援助的計畫。

如前所述，在蔣介石刻意經營下，整個陽明山地區早就已經成為黨國、軍事人才訓練與再教育的重要地點，聽聞蔡斯等人又再一次侵門踏戶、企圖要佔用其訓練機構，憤怒之情全部濃縮成日記中「相當幼稚」四個字。

沉寂數日後，蔡斯又再一次出招。這次將苗頭對準了位於新竹湖口，此時正在接受白團訓練的國軍第三十二師。表示要以全美式的訓練模式，作為美軍顧問團首支模範部隊。

不難想像蔣介石當天又再次以「殊絕困難……考慮美顧問對日籍教官之排除問題的解決辦法頗久」來形容其困擾之處。

眼見兩者的衝突一觸即發，蔣介石終究還是選擇了美國這一方。先是將圓山軍官訓練團的團址搬至石牌，組織編制也遭到縮減，過去軍隊體系扮演關鍵角色的「白團教官」也轉趨低調，並以「外籍教官」稱之。美、日顧問團的衝突這才告一段落。

眼見美軍顧問團及其家屬相繼來臺，中央政府趕緊指示各級單位於全臺各地尋找適合美軍居住地點，並評估興建美式娛樂設施的可能性。

考察團隊在綜合各項要素後，陽明山再度因為景致怡人、治安良好的因素入選，同時這也是全臺規模最大、規格最高的宿舍群。

為了一解鄉愁，這個位於陽明山山仔后的美軍宿舍群的設計、興建事宜幾乎全都是由美軍顧問團內所主導，反觀授命監造的中國籍建築師則無用武之地。不久，一幢幢具備庭院、煙囪甚至是壁爐的建築物出現在陽明山腰，看似衝突的建築風格，透露出濃烈的文化差異。

相對於陽明山其他地區的建築型態（例如大興中國式外觀涼亭、限制日式外觀的木造平房），美軍宿舍群則是以強烈的美式風格出現於眾人眼前，可說是在陽明山地區既有的「反共復國神聖大業之指揮司令臺」意象中，劃分出一塊以美式文化為主的住宿、休憩區域。

一九五七年晚間數聲槍響，再次觸動了最敏感的美、中神經。

戒嚴：一場中美政治角力的具體展現

得報臺北群眾以美國昨日對其上士雷諾槍殺劉自然案，軍法審判不公平，判決無罪結果，乃群起包圍美大使館，并加以搗毀與拷打其館員，繼之又包圍美協防司令部，形式嚴重，此乃外交部始謀不臧所致。即令戒嚴，以防共諜滲入搗亂也。

——蔣介石，「蔣中正日記」，一九五七

劉自然案

一九五七年三月二十日晚間十一點四十五分，陽明山警察所的留勤員警莊春水接獲一通來電。

電話的另一端，明顯是名受到嚴重驚嚇的女性，幾經詢問後，這才確認報案者的身份是在美軍宿舍群幫傭的女性僱員姚李妹。只見莊春水飛快的進行速記，臉色卻也越來越差。

結束通話後，莊春水焦急地奔向組長韓甲黎。

「報告組長，美軍宿舍群B—1發生事情，趕快過去支援！」

據傳一名革命實踐研究院的成員遭到槍殺身亡，案發現場又相當接近美軍顧問團的住宿地，種種消息讓陽明山警察所不敢大意，隨即動員大批警力前往搜索，但礙於天色昏暗，案情未能有所突破。

好不容易捱到清晨，中華民國檢察官羅必達協同法醫葉昭渠、臺灣省警務科第五科科長張漢光、刑警總隊總隊長、陽明山警察所高階長官趕到現場進行勘驗，緊隨其後的，還有美軍憲兵軍事長馬敬金。

只見馬敬金以雷諾茲（Robert G. Reynolds）為美軍人員，應享有外交豁免權為理由，直言中華民國當局務必將此案交由美軍顧問團處理。為了避免這起事件擴大為兩國的外交事件，陽明山警察所只得將雷諾茲交予美軍代表。

劉自然遭美軍顧問團團員雷諾茲殺害的消息終究傳遍整個陽明山地區，地方上甚至出現了多版本的傳言。有人說劉自然與雷諾茲兩人是為了槍枝走私的議題一言不合、大打出手；也有人說劉自然是看不慣雷諾茲習慣性地毆打郵差，上前理論時一言不合、大打出手，種下了兩人之間的恩怨；甚至有一種說法是劉自然在革命實踐研究院受訓期間因偷窺雷諾茲的夫人沐浴而遭來殺身之禍。

儘管外頭的流言蜚語越傳越誇張，但當天檢調的搜查成果則顯得「科學」許多。

劉自然受第一槍擊傷後逃逸跌倒落地，實已毫無抗拒能力，而雷諾茲仍繼續對準劉自然要害發射第二槍，致劉自然於死亡，已足見雷諾茲係存心故意殺人，而非為正當防衛，彰彰甚明。

對於這起極有可能觸及美（美軍顧問團）、中（革命實踐研究院）敏感神經的命案，各級單位都繃緊了神經。舉例來說，掌理地方治安的陽明山警察所在為了避免雷諾茲或是其他美軍成員遭受報復，不僅派員警晝夜輪值，甚至還提升了美軍顧問團宿舍附近的治安維護等級，就是為了避免衝突再度發生；革命實踐研究院主任則發函給專門進行媒體宣傳的中國國民黨第四組，希望各單位切勿在報導中提及劉自然的服務場地；臺灣省警務處在偵查到一個段落後迅速將成果交予臺北地方法院檢核，最後交予外交部，靜待後續的處理。

不出數日，外交部便將該起案件的來龍去脈以及調查文件送到美國大使館，不料大使館方卻一再堅持雷諾茲開槍的行為屬於正當防衛的範疇，爾後竟又援引一九五一年中華民國接受美援時換約的規定，以美軍顧問團皆比照美國大使館，得以享有外交豁免權為由，直接拒絕中華民國司法介入該起案件的審判。

這段期間已有數間報社針對該起命案進行專文報導，但在消息封鎖之下，一般民眾始終難以窺探全貌。這樣的現象到五月二十日大審日之後，遂全然改觀。

根據官方以及當時報紙的記載，當天上午九點，美國軍事法庭在圓山美軍顧問團教堂內首度召開，但當天並未有任何具體的結論。接連幾天，軍事法庭雖反覆進行開庭、傳訊證人、再赴陽明山上勘驗等行為，但在官方旁聽員的報告中卻指出該庭並未參酌臺北地方法院檢察官偵查所得之證據，甚至連庭上傳喚的證人也多與該案無直接關聯，反倒是找了許多雷諾茲的同仁，企圖營造出雷諾茲平時工作勤謹、待人謙和等圓融形象。

就這樣到了五月二十三日，美方代表根據雷諾茲的說法，強調此起案件是建立在自我防衛前提之下的「意外」，檢方則一再疾呼劉自然死亡的主因是兩發命中要害的槍擊，顯然構成蓄意謀殺的條件，應該以「任意殺人罪」將其起訴。只見檢、辯雙方來回激辯，主審官雖一度宣布暫時休息，但到下午一點再度開庭時，主審官卻直接宣布陪審團的投票結果

以被告雷諾茲任意殺人罪罪嫌不足，應予宣告無罪。

只見在場的美軍顧問團成員歡聲連連，中華民國的代表則一片譁然。

隔天上午十點多，劉自然的妻子奧特華在劉自然表哥的陪同下，隻身來到了美國大使館。只見她手持「**THE KILLER-REYNOLDS IS INNOCENT? PROTEST AGAINST U.S. COURT MARTIAL'S UNFAIR, UNJUST DECISION!**」以及「**殺人者無罪 我控訴！我抗議！**」的硬紙板，以沉重但靜默的舉動進行抗議。隨著圍觀的群眾越來越多，各家報社的記者也紛紛趕至現場，為了讓更多民眾聽得更清楚，臺灣廣播電臺的記者遂以擴音機的方式進行採訪，一問一答中，奧特華的面龐早已被淚水所浸濕。

到了下午一點，現場已經聚集了近兩千名憤怒的群眾，要求應該將殺人兇手交出來公審，但始終被拒於高牆之外。紛擾之際，突然有民眾拾起一旁的石塊，隨即擲向大使館的玻璃窗，只見數片玻璃窗戶應聲破裂，再加上兩人企圖翻越大使館的圍牆卻被大使館內駐警人員驅離，情勢相當混亂。

直到下午兩點二十分，大使館外圍觀的群眾已高達六千餘人，民眾遂進行第二波突破。礙於現場警、民數量極為懸殊，盛怒的群眾在突破警戒線後，相繼衝入大使館房屋，搗毀門窗玻璃、推翻傢俱及檔案櫃等，甚至還有民眾將美國國旗取下撕毀，改升起中華民國國旗。

趕至現場的警務處處長開始向民眾喊話，並示意以對空鳴槍的方式，警告民眾不得再有脫序行為。於此同時，警察學校學生及憲兵陸續前來支援，始將使館內群眾「清場」。約莫至三點二十分左右，現場竟有數十名成功中學學生在大使館門外遊行，再加上現場有民眾宣稱「雷諾茲已飛離臺灣」，群眾情緒再度燃燒至沸點，警憲所築起的人牆再度被攻破，民眾再一次衝入並將館內一切物品大肆搗毀，停放於現場的十四輛汽車亦被推翻毀壞。

眼見情勢一發不可收拾，憲兵司令劉煒於下午四點左右親自率領整整一連的憲兵抵達現場，會同臺灣省警務處處長樂幹，二度以廣播要求群眾散去，並同時以優勢警力將民眾驅離，不出一小時便將大使館內的群眾全數驅離。此後憲警與群眾就在大使館外隔空對峙，不時有「中國人竟然不幫中國人」的挑釁言論出現。

原本以為情勢已經獲得控制，但到了晚間七點外交部長葉公超陪同美國駐華代表藍欽抵達大使館巡視時，眼尖的民眾群起騷動，再次發生投擲石塊的狀況，據說葉公超被一石塊砸中，所幸並未受傷。兩人只得在警察及隨行人員的掩護下，倉皇離開現場。

此後，由於出動了警察、憲兵及衛戍部隊並陸續到達現場，至晚間九點左右，大使館四週群眾這才完全被驅散，且恢復了平靜。

當天晚上，行政院長俞鴻鈞在媒體中聲稱此次事件是「少數不法份子，利用劉自然案之不平情緒，煽動群眾，轉變行動目標，以致破壞秩序，擾亂治安，甚之搗毀美國大使館及其新聞處，並傷及友邦人士與我維持治安人員。」臺北衛戍司令將軍黃珍吾也表示「今日本市發生暴亂份子搗毀美國大使館情事，此種越軌行動，無論其動機如何，均已危及社會治安，觸犯戒嚴法令，本部除命令軍憲警嚴格執行維持社會治安之任務外，茲特鄭重宣佈臺北市及陽明山自本（五）月二十四日十九時起重申實施戒嚴，並實行宵禁」。**（底線為筆者自行增加）**

簡單來說，維安人員以及政府高層在第一時間皆將此次事件定調為有心人士刻意煽動民眾情緒的突發事件。不難想像，這裡所指涉的有心人士絕對和「共匪」脫離不了關係。隨著衝突等級一波波升高，為了確保蔣介石、黨政高層以及美軍人士的安危，遂以廣播及張貼告示的模式，宣告臺北市與陽明山地區進入臨時戒嚴，具體限制包含每天晚上零時到清晨五點的宵禁，以及所有人等都必須配合警調的抽查等。直至今日，這種基於元首安危考量而出現的雙重戒嚴體制，依然是臺灣史上相當罕見的狀況。

美國對自由中國的態度

今日和我們站在一起的美國，不僅是一個此時患難與共的盟邦，而且是和我們有深厚傳統友誼的朋友……我們固然希望朋友能諒解我們，同時我們更當先反求諸己，由我們先諒解朋友，才是我們中國人做人「盡其在我」和「推己及人」的忠恕之道。

——蔣介石，〈「五二四」不幸事件告全國同胞書〉，一九五七

接受美援的「自由中國」竟然出現如此大規模的「反美」事件，部分美國國會議員在接受訪問時表示「這是一個很嚴重的事件」、「顯示反對美軍駐臺的一種日漸增長的敵意」、「對我們與臺灣間的關係作一仔細的研究」，甚至連向來被視為對臺較為友善的參議員諾蘭（William Knowland）都表示美國援外的計畫需要進行修正。此外，根據中央社駐紐約記者所觀察，美國社會對於事件的本身並不完全知曉，但是對於臺灣民眾群起搗毀美國大使館、焚燒美國國旗的舉動，「認為這種污辱是難以寬恕的」，「他們（指美國國民）一直信任中華民國是美國最密切的亞洲盟邦之一……此次事件讓他們有如

大夢初醒。」

事件結束後隔天，美國駐華大使藍欽便和時任外交次長沈昌煥進行深刻的討論。會中藍欽直言，美方早已察覺中華民國體制內有三個「具毀滅性」的組織，分別是由蔣經國統領的國防部總政治部、青年救國團以及陽明山上的革命實踐研究院。根據藍欽長年駐蘇俄的經驗，此番組織和蘇俄政權操作青年的手段並無太大的差異，一旦失去控制，便有傷及國家利益的可能，是「危險性極大」的存在。

為了平息美方對於蔣經國的猜忌，蔣介石立即邀請數名美軍顧問團高階將領至府內詳談。蔣介石在開頭便以「德薄能鮮，領導無方」表達歉意之餘，也再度重申中美友好的關係並不會因為一起突發事件而改變。話鋒一轉，蔣介石則語重心長地坦承，近幾場反美事件極有可能是中共份子趁機混入搗亂所致，且中共與蘇聯必定會乘機在全世界宣傳，以期破壞中美友誼，再三要求美軍將領們務必要保持高度警覺、不可怠慢。

先不論此番將肇事責任推諉給中共的言論是否奏效，但將肇事主因推諉給中共份子的論調，其實也是合理化「再戒嚴」的權宜措施。

當天夜裡，蔣介石在日記中記下「此種拳匪行徑（按：燒毀國旗、搗毀大使館），只有共匪專心自毀民族，不顧國體之敗類所樂為者。其實此次之暴動，乃受俄共三十年來宣傳之影響所致，何況本案中尚有匪諜從中煽動之關係，若余不發布星六日文告表示態度與決心，則必禍至無日。」，憤怒且無奈的情緒，可見一斑。

面對如此脫序且「有失國格」的行為，從陽明山警察所、臺北市警察局、臺北衛戍司令部、臺灣省警務處、臺灣省保安司令部、司法行政部甚至到行政院等各級機關，都被要求務必針對劉自然及美國大使館遭毀損一事提出檢討及改進意見。不出兩個星期，一疊又一疊厚重的「臺北不幸事件檢討報告」便出現在總統府的案頭上，至於後續約四十多名「不法份子」的審判過程以及安撫美方大於實質意義的「拔官」行為，則又是另外一個故事了。

陽明山這個集結了美、中、日等軍事勢力的空間並沒有受到劉自然事件、「臺北不幸事件」的影響而瓦解，反倒在蔣介石歷次講演中不斷被強調，講述陽明山的訓練勢必引領軍事反共成功之間的因果關係。然而，隨著時間來到了一九六〇年代，「一年準備、二年反攻、三年掃蕩、五年成功」早已淪為口號，隨著軍事反攻的可能性逐漸降低，陽明山地區的意義再一次出現了轉變……

劉自然事件又被稱為「臺北不幸事件」、「五二四事件」，這一場發生於陽明山上的命案引爆了臺北市區的紛亂，同時再一次凸顯出美國人在臺灣享有的各項法律特權。

終章

你的陽明，我的草山

早上帶雪絨、錦屏他們搭九點半的近郊巴士經北投去草山，十一點左右抵達。草山霧氣升起如夢。到眾樂園洗溫泉。芳卿興高采烈的。

——呂赫若，一九四二

在那風雨飄搖的日子裡，廣州雖然是中央政府的首都，但卻缺少堅強的反共意志，而真正的反共重心，則在臺北郊區的陽明山。

——于衡，一九五七

對於見證過日本時代草山、北投榮景的臺灣人來說，草山北投無疑是休閒空間的代名詞。不僅易達性高、消費金額親民，宜人的溫泉景觀更可說是共享天倫之樂的絕佳場所，我想從呂赫若有限的文字中，仍舊不難想像。

然而這樣的印象在一九四〇年代政權轉移之後，卻被數度翻轉。在蔣介石入住之後，不光是稱謂從「草山」更名為「陽明山」，就連流竄於空間中的交談語言、觸目可及的建築色彩，甚至是時人談論這個空間的態度，都出現了明顯的改變。

被戲稱是「天子眼皮下的特殊行政區」的陽明山管理局在成立初期就成為最好的示範。

在那個「保密防諜 人人有責」的年代，陽明山管理局為了彰顯行政成效，可以說是無所不用其極的進行策略規劃。

首先，轄區內各警察派出所皆必須定期召集里、鄰以及各戶戶長到府集訓，而訓練過程除了講解判別匪諜的方式、遇到匪諜應該如何檢舉等課程外，還不忘製作《里民大會政治訓練手冊》，從政治、經濟、文化、心理建設等層面教導民眾所謂愛國的核心思想。

撒下「愛國」的種子之後，培育「忠黨」的新血便是刻不容緩的事情。一九五〇年代陽明山特區黨部特別選在熱鬧的新北投中山路一號，並由傅有權（革命實踐研究院六暨聯戰班七）、施季言（陽明山管理局局長）等人擔任黨辦公室各級幹部，積極推動中央黨部各項黨務作業，並且以資源交換的模式吸收地方基層黨員，等於是將黨國思想推入基層的第一線窗口。

為什麼同樣的空間，人們卻會出現如此歧異、甚至斷裂的記憶？

這個問題這不僅是我研究的初心，也是這些年從事各種歷史知識轉譯之餘，仍舊縈繞於心的議題。

就學術研究而言，近年來已有諸多研究顯示，歷史記憶與空間建構本就存在著極為密切的關連。舉凡空間內觸目所及的硬體建物，或是透過身體感知而來的空間意象，在統治者面前都像是可被自由調配的原子般受到控制。換句話說，只要被統治者納入空間（都市）規劃的藍圖後，地表上的林野、埤塘甚至是建築物，都將成為待移除的對象，而寄存於土地上的「地方」（place）情感，終將轉換為更便於控制的「空間」（space）。

每一次的變動，都有可能牽動時人的生活慣習，也會直接影響後世對於自我認同的建構。

舉例來說，近年來我在桃園大溪進行田調時，就感觸良多。

同時入選八景十二勝、也同樣是北部地區重點名勝地的角板山，是許多日本皇族來到臺灣時的參訪重點。當時的日本皇族抵達大溪之後，便會在地方官員的陪同下搭乘臺車，緩緩進入角板山，目的無他，就是要見證大日本帝國治理下的原住民部落，並體驗來自異民族的風土民情。

或許是看上角板山的安全與隱蔽特質，陳誠在思索蔣介石撤退來臺所用的臨時駐用所時，也就這樣把大溪納了進去。根據耆老的口訪與回憶，從那時開始小朋友們都會養成一種習慣，每當有大批黑頭車駛過大溪市街的時候，大夥兒都會下意識地覺得是總統回來了，瞬間自動立正，直到最後一盞車尾燈駛離後才敢回復正常。

說到底，歷史從來就不只是「過去式」那麼簡單，當人們觀察到當代的某種現象，這當然不會是突然冒出來的獨立存在，而是歷史中某個抉擇所牽動的複雜連結。

陽明山、大溪或是各地記憶的轉移，也絕對不是特例，光是你我所處生長的城市，就有可能存在著這種看似獨特，卻又帶有共通性的文化記憶，只是個人有沒有機會察覺罷了。

每本書都有值得書寫的理由和角度。

對我而言，這本書不光是對從事學術研究的自己有個交代，我更希望自己仍舊保有研究的初心，持續探索並轉化臺灣各地被誤解、甚至沒有被注意到的空間記憶；更重要的是，能夠將這套探索方法分享給更多的讀者。畢竟歷史意識的建構不該只是一個人往前衝刺，而是要讓一百個人攜手邁進一步，縱使緩慢，仍有其必要。

基於這樣的信念，二〇二二年我在實驗教育系統開設了名為「Discover Taipei」的臺灣史體驗課程。

有別於過往教授與臺灣史有關的歷史課多半由教師單向式地傳授歷史時序、名詞概念，我更強調實地探索、紀錄與思辨的能力養成。除了引導學員們閱讀文章與史料，也會定期帶他們進入歷史場域，從觀察人群、感受氛圍開始，檢視空間中各種變與不變的元素，最後，集體規劃出具有文化觀點的 Discover Taipei 路徑。

回頭來看，這樣的課程設計並非偶然，而是另一種書寫臺灣史的嘗試罷了。
礙於篇幅限制，草山上其實還有許多來不及寫入的故事，就待日後娓娓道來吧。

History 89

再見·草山：陽明山的這些年那些事

作　　者　吳亮衡
主　　編　湯宗勳
特約編輯　邱芊樺
美術設計　劉耘桑
企　　劃　鄭家謙

董 事 長　趙政岷
出 版 者　時報文化出版企業股份有限公司
108019　台北市和平西路三段 240 號一至七樓
發行專線—（〇二）二三〇六六八四二
讀者服務專線—〇八〇〇二三一七〇五
（〇二）二三〇四七一〇三
讀者服務傳真—（〇二）二三〇四六八五八
郵撥—1934-4724 時報文化出版公司
信箱—10899 台北華江橋郵局第 99 信箱
時報悅讀網　http://www.readingtimes.com.tw
電子郵箱　new@readingtimes.com.tw
法律顧問　理律法律事務所 陳長文律師、李念祖律師
印　　刷　勁達印刷有限公司
一版一刷　二〇二二年九月十六日
定　　價　新台幣三六〇元

ISBN：978-626-335-773-0
Printed in Taiwan

時報文化出版公司成立於 1975 年，
並於 1999 年股票上櫃公開發行，於 2008 年脫離中時集團非屬旺中，
以「尊重智慧與創意的文化事業」為信念。

再見 · 草山：陽明山的這些年那些事 / 吳亮衡 著—一版 .-- 臺北市：
時報文化 ,2022.9;240 面 ;21*13*1.5 公分 .--(History; 89)
ISBN 978-626-335-773-0(平裝)

1. 人文地理 2. 歷史 3. 陽明山國家公園
733.9/101.4　　111012115